나를 사랑하는 건
익숙하지 않지만

나를 사랑하는 건
익숙하지 않지만

이레 에세이

웨잇
포잇

나를 응원해 준 모든 이들에게 감사하며

특히, 도비 그리고 미주.

책을 읽기 전에

안녕하세요, 저자 이레입니다.

이 책은 "왜 학교에서는 나를 사랑하는 방법을 알려주지 않을까?"에서 시작되었어요. 인지행동치료에서 착안해서 쓴 책이라 에세이이면서도 실용서 같은 느낌이 있습니다.

책의 인지하기->감정 알기->행동 바꾸기->변화의 순서로 구성했어요. 중간중간에 워크북이 삽입되어 있습니다. 여러분도 노트 하나 펼쳐놓으시고 한 번 여러분의 생각을 써보세요. 감정의 흐름을 느끼실 수 있을 거예요.

그럼, 내 감정을 이해하고
받아들이는 여정을 함께 해볼까요?

"내가 나를 있는 그대로 받아들이는 순간,
나는 자유로워진다."

심리학자 칼 로저스

많은 이들이 말한다.

"나를 사랑하는 게 중요한 건 알아.
근데 방법을 모르겠어."

나도 그랬다.
오래도록 나 자신을 미뤄뒀다.
늦게서야 나를, 내 감정을
똑바로 보기 시작했다.

목차

1부. 넌 왜 그렇게 나를 미워해?

프롤로그 ⋯ 13
나 자신을 보았다 ⋯ 18
날 작아지게 하는 말들 ⋯ 24
습관적 비교 ⋯ 31
너는 이렇게 될 거야 ⋯ 37

2부. 나라는 사람을 알아보자

나를 보는 새로운 방식 ⋯ 47
나의 욕구는 뭘까? ⋯ 55
감정을 알아야 하는 이유 ⋯ 62
내 존재에 대한 부정, 수치심 ⋯ 66
마음속의 짐, 죄책감 ⋯ 77
일상이 되어버린 불안 ⋯ 84
자신을 위로하는 법 ⋯ 91
그럼에도 불구하고 ⋯ 97
괜찮은 사람 ⋯ 103

3부. 나에게 다정할 것

나를 위하지 않는 사람과 안녕하기 … 108

자동적 사고 바꾸기 … 112

자기효능감을 올려볼까? … 121

첫 번째, 피부로 느껴보는 경험 … 125

두 번째, 다른 사람들의 삶에서 오는 경험 … 131

세 번째, 사회적 설득 … 136

네 번째, 몸과 정서의 환기 … 141

좋은 말 해주기 … 147

완벽한 것은 없다 … 157

진짜 좋은 사람의 자기 보호 … 162

자기돌봄은 기본부터 … 168

과거의 나를 찾아서 … 174

4부. 달라지고 있는 삶

새로 시작한 것들 ⋯ 183

감사 일기 ⋯ 189

자기조절능력 만들기 ⋯ 194

가난한 마음에서 넉넉한 마음으로 ⋯ 199

나를 이해하면서 달라진 점 ⋯ 202

에필로그 ⋯ 206

1부. 넌 왜 그렇게 나를 미워해?

프롤로그

"얘는 여전히 몸매관리를 잘하네."
"와, 얘는 또 해외 나갔네."
"저 사람은 어떻게 저렇게 예쁘지."
"쟤는 돈이 진짜 많은가 봐. 돈 잘 벌어서 좋겠다."
"또 선물 받았나 보네. 사랑받아서 좋겠다."

SNS를 열면 예쁜 애들밖에 없었다. 아침 루틴, 피트니스 PT 다녀온 인증, 밝은 조명 아래에서 "오늘도 나를 아껴요."라며 반짝이는 피부를 뽐내는 사람들. 그걸 보면서 나는 '와, 대단하다.'라고 감탄하다가, 5초 뒤엔 '나는 왜 저렇게 못 살지?'하고 비교에 빠졌다. 뇌가 비교하지 않으면 안 될 몹쓸

병에 걸린 것 같았다.
부럽다.
저들처럼 열심히 사는 사람이 되고 싶다.
나도 열심히 살고는 있는 거 같은데 만족이 안 된다.

나름대로 열심히 오리발을 휘젓고는 있는데 앞으로 나아가지 않는 기분. 거기에 어른들이 한마디씩 거들었다.

"그 나이 먹고 아직도 그러면 되겠니?"
"넌 잘 살아야지, 성공해야지!"
"더 열심히 해야지!"

이쯤 되면 이중처벌이다. 곤장을 실컷 얻어맞고 풀려나기는커녕 능지처참까지 당하는 기분이었다.

거울 앞에 서서 나를 봤다. 나도 한때는 도전적이고, 멋지고, 예쁘다는 소리를 많이 들었는데 지금은 입가가 쳐지고, 푸석한 모습의, 스스로 능력이 부족하다고 생각하는, 어깨가 처진, 힘없이 늙어가는 여자가 있을 뿐이었다.

'아, 늙었네.'

'왜 이렇게 못났지.'
'왜 이렇게 게으르지.'
'나 진짜 별로다.'
'아, 진짜 싫어.'

지긋지긋했다. 잘 살고 싶었다. 그저 잘 살고 싶었을 뿐이다. 나 역시 SNS에서 반짝반짝 빛나는 사람들처럼 되고 싶었다. 어렸을 때는 내가 어른이 되면 멋진 사람이 되어 있을 거라고 생각했는데 어른이 된 나는 별로였다. 멋지지도 않고, 특별한 것도 없는, 그냥 그런 사람.

어떻게든 뭔가 해내고 싶었다. 어서 남들앞에서 당당하게 설 수 있는 멋진 사람이 되어야지. 어른들이 말한 대로 더 노력해서 잘 살아야지.

문득 미간을 잔뜩 찌푸리고 있는 내 모습을 봤다.

'잘 사는 게 뭔데?'

대답할 수 없었다. 남에게 인정받으려고 이 악무는 게 잘 사는 건지, 남들이 나를 인정해 줘야만 잘 사는 건지, 또는 남들이 나를 부러워해야 잘 사는 건지, 나 스스로 나에게 언제쯤 만족할 수 있는지, 무언가가 되어야만 내가 나를 인정할 수 있는지.

목적지 없이 마구 앞으로만 달려 나가고 있는 게 나였다.

'나는 나를 사랑하지 않아. 내가 제일 나를 미워해.'

사람들에게 사랑받아 보려고 애를 썼지만 우습게도 나는 나를 사랑하지 않고 있었다.

'너 자신을 사랑해라!'

진부하다 못해 질리는 말이다. 애써 외면한 말이기도 하다. 나를 있는 그대로 바라볼 용기가 없었다. 있는 그대로의 나를 본다는 것은 아주 귀찮고, 짜증 나는, 더러운 강 깊숙이 갈퀴를 넣어 오물들을 끄집어내야 하는 그런 종류의 일이었다. 게다가 나는 나를 사랑하는 방법을 몰랐다.

하지만 이대로 타인의 시선에만 의존해 산다면,
나는 매 순간 괴롭겠지.

다른 사람의 삶이 아닌, 진정한 내 삶을 살고 싶어!

이제 내 감정을 이해하고 받아들여야 했다.
나를 미뤄온 날들을 멈출 시간이 된 것 같았다.

나 자신을 보았다.

　오랜만에 브런치였다. 친구들이 아이를 가지지 않았을 때는 브런치를 자주 먹으러 갔었는데 이제는 그마저도 여의치 않았다. 간혹 부모님 찬스를 쓸 때면, 자유를 얻은 친구들이 전화를 걸어왔다. 이번에 만난 친구 진아도 근 1년 만에 만났다.

　멀리서 벤츠를 끌고 오는 진아의 모습은 여전히 멋있었다. 진아는 흰 피부에 긴 생머리를 고수하는 친구다. 매년 해외여행도 가고 몸매 관리도 철저한, 말하지 않으면 아들이 있는 걸 아무도 모를 정도이다.

우리는 간만에 브런치에 신이 났다. 메뉴를 고르고 밀렸던 수다를 떨었다. 한창 대화 중에 진아는 갑자기 턱을 괴면서 말했다.

"아, 난 네가 너무 부럽다."

진아의 말에 내 머리 위에는 보이지 않는 물음표 갈고리가 마구 생겼다. 세상 혼자 사는 거 같은 친구가 날 부럽다고 하니 어이가 없어 반문했다.

"내가?"

"응, 부럽다. 진짜"

진아는 포크로 스파게티 면을 쿡쿡 쑤시며 한숨을 쉬고 있었다. 이 친구가 나를 놀리나. 막 뭐라고 한마디 하려고 입을 벌리던 차에 진아가 말을 이었다.

"있잖아. 이레야. 나 우울증이래"

쾅! 머리가 멍해졌다. 진아의 남편은 돈을 잘 버는 사업가이고 다정한 사람이었다. 그녀의 아들은 똑똑하고 예의 발랐다. 그녀는 남들이 부러워하는 삶을 살고 있었고, 늘 화려하고 예뻤다. 근데 우울증이라니?

"이레야. 난 네가 너무 부러워. 넌 자유롭고 어디 가든 인정받고. 일도 잘하고, 늘 당당하고, 영어도 잘하고. 글도 잘 쓰고. 키도 크고.

근데 날 봐. 난 결혼 전에 하고 싶은 것도 많았는데, 지금은 하나도 기억이 안 나. 애 키우는 일 말고는 내가 할 수 있는 일이 없어. 난 특별히 경력이 있는 것도 아니고 잘하는 것도 없어. 일 구하려는데 내가 할 줄 아는 게 하나도 없더라? 내가 그저 남편과 아들의 수발이나 드는 사람 같아. 나 이제 우울증 약 없으면 잠도 못 자. 어떡해, 나."

30대가 되어 각자 사정으로 바빠지자, 친구들을 만나지 못했었다. 종종 SNS로 그들의 사는 모습을 찾아봤었다.
친구들은 해외여행도 자주 나갔고, 국내 호텔은 일상적으로 다녔다. 시부모님이 해주신 선물, 남편이 해준 선물이라며 SNS에 올리는 것들도 모두 값비싼 것들이었다.
남편이 대기업을 다녀서 일을 할 필요가 없다는 친구, 매번 발리에 가서 새롭진 않아도 서핑 때문에 간다는 친구, 새로 골프를 시작했다는 친구. 그들의 삶은 모두 빛이 났다.

당시에 나는 만족하지 못하는 삶을 살고 있었다. 커리어 문제, 가족과의 관계, 정확히는 나와의 관계. 친구들의 SNS를 볼 때면 스스로 더 초라하게 느껴졌다.

나도 예전에는 열정이 가득한 멋진 삶을 살았는데 어쩌다 나는 한숨이나 푹푹 쉬는 삶이 된 것일까?

열등감으로 가득 찬 나는 어느새 우울감으로 가득 찬 못생긴 무언가가 되었다. 그런데 친구는 나를 다르게 보고 있었다. 키가 크고, 웃는 모습이 예쁘고, 당당하고, 언제든지 자유롭게 떠나는, 영어를 잘하고, 누구랑도 금방 친해지고, 밝고, 말을 잘하고, 부지런하고, 일을 잘하고, 사람들에게 인정받아서 찾는 사람이 많고, 똑 부러지는 그런 사람으로 나를 보고 있었다.

하지만 내 생각에 나는 소심하고, 겁이 많고, 게으르고, 후회를 자주 하는, 30대 중반의 여자, 다른 업계의 신입으로도 애매하고 고연봉의 경력직으로도 애매한, 저출산으로 좁아지고 있는 업계에서 늘 불안해하는, 올라온 승모근, 딱히 건강하지 못한 몸, 화려하지 않은 학력, 잘 해내야 한다는 완벽주의, 하지만 완벽하지 못한 인간.

남들은 보는 내 모습과 내가 보는 내 모습은 확연히 달랐다. 일반적으로 사람이 무언가와 사랑에 빠지려면 그 대상에 대해 알아야 한다. 나를 사랑하기 위해서는? 나를 알아야 했다. 내가 보는 나, 그리고 타인이 보는 나는 완전히 달랐다. 무엇이 나라고 정의 내릴 수는 없었지만, 한 가지는 명확했다. 나는 너무 나에게 가혹했다.

어쩌면 나에 대해 무관심했는지도 모른다. 내가 좋아하는 게 뭔지, 싫어하는 게 뭔지도 애매했다. 내가 진짜 원하는 삶이 뭔지도 헷갈렸고, 어떤 말에 상처받고 어떤 순간에 웃는지도 제대로 들여다본 적이 없었다. 하루하루 살아내는 것에 바빠 감정은 미루고 있었고, 자신을 들여다보는 것은 딴 나라 이야기였다.

내 마음속의 내가 말했다.

"넌 누구를 보고 사는 거야?

Workbook page

여러분은 자신을 어떻게 보고 있나요?

다른 사람들은 여러분을 어떻게 보고 있나요?

날 작아지게 하는 말들

친구와의 브런치를 마치고 집으로 돌아왔다. 차를 주차한 뒤, 문을 열지 않았다. 그대로 운전석에 앉은 채, 핸들 위에 손을 얹었다. 시동이 꺼진 차 안은 바깥세상과 단절된 듯 고요했다. 창문 너머로 햇살이 번지듯 흘러들었고, 바람 한 점 없는 차 안은 마치 멈춰진 시간 속 같았다. 시계 초침도 들리지 않는 정적 속에서, 생각들이 조용히 떠오르고 가라앉았다.

'친구가 보는 내 모습과 내가 보는 내 모습은 왜 다를까? 왜 나는 스스로가 못났다고 생각했을까? 내가 어릴 때부터 들었던 말들이 내게 굳어진 것은 아닐까?'

지금 내 생각, 행동은 무엇으로 만들어졌을까?

심리학자 앨버트 반두라는 자신의 사회학습이론에서 인간은 단순히 직접 겪는 경험이 아니라, 주변 사람들의 말이나 행동, 표정, 반응까지도 그대로 배우며 살아간다고 했다.

반두라의 유명한 실험으로는 '보보인형실험'이 있다. 보보인형은 넘어뜨려도 오뚝이처럼 저절로 일어서는 인형이다. 실험에서 반두라는 한 어른이 보보인형을 때리면서 거친 말을 하는 영상을 아이들에게 보여주었다. 영상 속 어른은 보보인형이 넘어졌다가 일어날 때마다 거친 말을 하며 장난감 망치로 인형을 마구 때렸다.

이후 영상을 본 아이들과 보지 않은 아이들은 보보인형과 다른 인형이 있는 방으로 갔다. 반두라는 아이들에게 인형을 마음대로 해도 된다고 하고 방을 떠났다. 그리고 그는 아이들을 관찰했다.

보보인형을 괴롭히는 영상을 봤던 아이들은 그렇지 않은 아이들보다 더 공격적으로 인형들을 때리고 발로 찼다. 그들은 어른의 행동과 말을 배워서 따라하고 있었다.

이 실험으로 알 수 있는 것은 인간은 자신이 보는 것, 듣는 것들을 그대로 배운다는 점이다. 단순히 따라 하는 것에서 그치는 것이 아니라 '저렇게 말해도 되나 보다', '저게 맞는 거구나' 하고 받아들인다. 어른이 인형을 때리는 것을 보고 아이들이 학습했듯이, 우리도 어릴 때부터 반복적으로 들은 말들을 당연한 진실로 받아들이며 자란다.

또 한 가지 더 얹어보자면, 인간의 뇌는 긍정적인 것보다 부정적인 것에 더 주목하고 반응하는 경향이 있다. 그것을 '부정성 편향'이라고 한다. 그렇기에 칭찬과 비난을 함께 듣게 되면, 비난의 말들이 기억 속에 더 오래 남게 된다. 진화론적 관점에 따르면 인간이 위협을 감지하는 능력이 생존에 유리하기 때문에 부정적 신호에 민감하게 반응하게 되었다고 한다.

어린 시절 비난과 비판적인 말을 자주 들었다면, 그 말은 내 뇌와 마음의 기본값이 될 수 있다. 심지어 그것이 객관적인 평가가 아니라 누군가의 주관적인 평가라 해도 말이다.

나는 여전히 복잡한 마음이었다. 집으로 돌아와 가방을 내려놓고, 책상 앞에 앉았다. 노트를 펼치고 펜을 쥐었지만, 한

동안 손이 움직이지 않았다.

떠올리기 싫은 말들이 머리 위를 맴돌았고, 그 말들을 날려 적기 시작했다. 글씨는 자꾸 삐뚤어졌다.

삐뚤어지라지. 알 게 뭐야.

마음은 여전히 굳어 있었다. 내 마음속에 들러붙어 있는 말들은 뭘까?

"트롤 같아. 살찌고 못생겼어."
"넌 첫 단추부터 잘못 끼워졌어."
"작가가 되고 싶다고? 그런 일 하면 돈 못 번다. 책은 아무나 내는 줄 알아?"
"네가 아무리 발버둥 쳐봐야 남자들이 여자보다 낫단다."
"여자는 나서면 안 돼. 그러면 결국 넌 이혼하게 될 거야."
"너 때문에 내 인생이 망쳐졌어."
"결국 너도 망하게 될 거야."
"넌 더 밑바닥을 봐야 해. 더 힘들어야 해."

나를 움츠러들게 만드는 말은 나를 작아지게 만들었다. 나는 어느 순간 그것을 진실이라고 믿었다.

그리고 글을 적으며 깨달은 것이 있었다.

첫 번째는 나에게 비난하는 말투를 가장 많이 써온 사람들은 가족들이라는 것. 비난 후에는 '우리가 널 걱정해서 그래.' '가족이니까 이렇게 말해주는 거야.'라는 말 때문에 화조차 낼 수 없었다. 가장 가까운 사람들은 나와 가깝기 때문에 사랑도, 상처도 주기 쉽다.

두 번째 깨달음은 비난하는 말을 내가 나에게 은연중에 하고 있었다는 점이다. 어른들에게 들은 말 그대로 나 자신에게 끊임없이 되새겨 주고 있었다. 지금은 어른들이 그 말을 하지 않는데도 말이다.

비난의 말들은 사라지지 않았다. 말들은 내 안으로 들어와 내 목소리가 되어 있었다.

"또 실수하네. 머리가 나쁜가."
"왜 이렇게 못생겼냐."
"내가 잘났다고? 난 결국 망하고 말 거야."

매일, 매일, 매일.
그 목소리는 나를 향해 쏟아졌다. 아무도 나에게 그런 말을 하지 않아도 나는 나를 혼내고, 깎아내리고, 움츠러들게 만들고 있었다.

작아져.
더 작아져.
더 움츠러들어.

난 단 한 번도 내 편인 적이 없었다. 남들의 말이 더 옳았고, 나는 거기에서 나를 증명해야만 존재할 수 있었다. 매 순간 타인의 인정에 목말랐다. 항상 외로웠다. 그 외로움의 근원은 어쩌면 나조차 나를 버렸기 때문인지도 모른다.

Workbook page

여러분을 작아지게 만드는 말은 무엇인가요?

습관적 비교

"Comparison is the thief of joy."
(비교는 기쁨을 훔쳐 가는 도둑이다)

미국 역사상 가장 젊은 대통령인 시어도어 루즈벨트 대통령은 이런 말을 했다. 그는 어린 시절 병약했다. 하지만 꾸준한 운동과 자기 계발로 건강을 회복하고 정치인으로서 성공적인 이력을 만들어냈다. 그는 많은 순간 자신과 타인을 비교하고 싶은 충동을 경험했다. 동시에 비교의 끝이 얼마나 파괴적인지도 깨달았다.

비교가 좋지 않다는 것은 누구나 다 알지만, 우리는 비교가 일상인 삶을 산다. 마치 무언가 보이지 않는 적당한 선이 있는 것 같다. 이 정도 나이에는 이걸 해야 하고, 남들이 이걸 하니까 모두가 당연하게 해야 한다. '비교'라는 게 자연스럽게 일상에 스며들어 있어서 내가 비교하는 삶을 살고 있는지조차 인지하지 못하고 있다.

비교에 대해 생각하게 된 날은 평소와 같았다. 하루 종일 돌아다니다 녹초가 되었던 날이다. 눅눅한 여름 공기를 피해 서둘러 거실로 들어왔다. 에어컨을 켜자마자 바람이 기분 좋게 얼굴을 스쳤고, 축축하던 피부가 조금씩 식었다. 더워서 그랬는지 평소엔 안 보던 TV앞에 앉았다.

TV 속 사람들은 웃고 있었다. 웃는 얼굴, 밝은 조명, 반짝이는 배경. 잘 사는 사람들 같았다. 행복해 보였다. 나랑은 다른 삶이라고 생각했다. 퍼뜩 머릿속에서 생각이 빠르게 지나갔다.
'응...? 나 지금, 비교한 거야?'

목덜미가 저려왔다. 어깨가 무거웠다. 팔을 위로 쭉 뻗고 고개를 뒤로 젖혔다.
삶엔 정답이 없다고, 좋고 나쁨을 나눌 수 없다고 생각해

왔는데. 누가 기준을 정하는 걸까?

잘 산다는 건 뭘까?

좋고 나쁨의 기준이 사람마다 다르다면, 그건 평가조차 의미 없지 않나.

나는 생각해 봤다. 들었던 비교의 말은 무엇이었는지. TV는 이미 자기 혼자서 떠들고 있었다. 내가 너무 자주 들어서 그것이 비교인지도 몰랐던 말은 뭘까?

"넌 여자니까 당연히 이걸 해야지."
"넌 남들보다 학력이 부족하잖아."
"살 빼야 해. 다른 친구들은 날씬하잖아."
"네 동생은 예쁜데 넌 눈은 살짝 고쳐야겠다."
"넌 천성이 못됐고 이기적이야. 내 동생은 참 착한데."
"수학을 이렇게 못하다니, 넌 공부하긴 글렀구나."
"다른 사람들보다 돈을 더 많이 벌어야 잘 사는 거란다."
"남들 보기 부끄럽지 않게 잘 살아야지."

나는 이제, 어린 시절 함께했던 사람들과 더는 살지 않는다. 어떤 이들은 더는 만나지 않는 사람도 있다.

그런데도 나는 그들이 했던 말처럼 은연중에 남들과 나를 비교하고 있었다. SNS를 볼 때, 누군가를 만날 때.

나는 디폴트 값이 입력된 기계처럼 타인의 모든 부분을 부러워했고, 그들보다 못한 나를 질책했다. 그렇게 나는 말없이 부풀어 오르는 열등감 덩어리가 되어 가고 있었다.

에어컨에서 나온 찬 바람이 땀에 젖은 팔을 스치며 서늘하게 식혀주었다. 그 서늘함은 묘하게도 내 마음속까지 스며들었다. TV는 여전히 켜져 있었지만, 그 소리는 점점 멀어졌다. 앉아 있는 나는 분명 지금 여기에 있는데, 마음은 어디론가 떠내려가고 있었다.

내가 나를 계속 미워한 이유가 이거구나.

잘 산다는 기준이 타인이 되었다. 그 사람과 비슷해지면 또 다른 대상이 나타나 더 높은 기준점을 제시했다. 나는 남들의 시선을 의식하고, 남들의 기준에 맞춰 지금의 나로는 만족하지 못하는 수렁에 빠지게 되었다.

"지금 만족하면 안 돼. 남들보다 뒤처질 거야."
"더 잘해야 인정받을 수 있어."
"저 사람들은 잘 사는데 넌 언제 잘 살 건데?"

루즈벨트 대통령이 말했듯, 비교는 정말로 기쁨을 훔치는 도둑이다. 기쁨을 훔쳐 갈 뿐만 아니라 내 삶의 기준과 목적도 훔쳐 간다. 왜 사는지, 누구를 위해 사는지도 잊어버리게 만든다.

비교하면서 내 모습이 싫어졌다. 난 자꾸 작아지고만 있었다. 나는 이제 비교를 멈추고 싶었고 방법을 찾고 싶었다.

Workbook page

여러분은 주로 타인과 나의 어떤 부분을 비교하나요?

여러분은 왜 다른 사람과 비교할까요?

너는 이렇게 될 거야.

'나의 꿈은 뭘까?'
'나는 어떤 삶을 살아야 할까?'
'이렇게 사는 게 정말 의미가 있나?'

이 질문들은 내가 어릴 때부터 줄곧 품고 있던 것들이다. 그 시절, 나는 집에서 어떤 일이 벌어져도 그것을 막을 수 없다는 사실에 무력함을 느끼고 있었다.

어느 날인가, 고등학생 때 야간 자율학습 시간 전에 친구들과 교실 창가에 앉아 있었다. 창밖엔 저 멀리 짙은 다홍색으로 물든 노을이 걸려 있었고, 그 풍경을 감탄하며 보고 있었다. 친구는 폰으로 틀어놓은 윤도현의 '사랑했나 봐'를 흥얼거리고 있었고, 그 멜로디는 귓가에 자꾸 맴돌았다.

나는 노을을 보며 생각했다. 커서 뭐가 되고 싶은지, 어떤 어른이 될지, 지금 이 삶을 벗어날 수 있을지. 나는 그때도 내 안에 있는 질문들을 차마 입 밖에 내지는 못했지만, 노을을 바라보며 막연히 생각했다.

'나도 언젠가 저 빛나는 하늘처럼 평온해지겠지?'

나는 내 꿈이 뭔지는 알고 있었다. 어린 시절부터 나는 작가가 되고 싶었다. 글을 쓰고, 책이 가득한 서점을 운영하며, 책을 고르러 온 사람들과 도란도란 이야기를 나누는 삶을 사는 것이 내 꿈이었다.

나무 선반 위에는 따뜻한 색감의 책들이 차분히 꽂혀 있고, 그 사이를 걷다 보면 은은한 나무 냄새가 코끝에 닿겠지. 오후의 햇살은 큰 창을 통해 미끄러지듯 들어와 나무 바닥 위로 부드러운 금빛 그림자를 드리울 거야. 손님 한 사람, 두 사람은 조용히 책장을 넘기며 따뜻한 차를 한 모금씩 마시겠지.

"굶어 죽고 싶구나?"

내 상상을 깨는 소리가 들렸다. 어른들의 기준에서 내 꿈은 거지가 되기에 딱 좋은 꿈이었다. 그래서 내 마음속 상자 안에 꼭꼭 잘 숨겨두었다.

성인이 되어 나름 친하다고 생각했던 친구에게 내 상자를 열어 보여주었다. 친구가 동조해 주길, 응원해 주길 내심 바랐다. 친구가 말했다.
"작가가 되는 건 아무나 할 수 있는 일이 아니야. 유명하거나, 대단한 사람이거나, 돈이 많아야 해. 공모전에 당선되면 좋겠지만, 몇천 명 속에서 네가 뽑힐 확률은 지극히 낮고, 출판사에서 널 받아주진 않을 거야.
넌 작가가 될 수 없어. 이레야, 내가 널 진짜 생각해서 현실적으로 얘기하는 거야. 그냥 취미로 블로그에 글을 쓸 수는 있겠지만, 책을 낸다는 건 글쎄, 너무 허무맹랑하다."

주변 사람들 대부분이 '저는 작가가 되고 싶어요!'라고 하면 나에게 현실감각이 부족하다며 안되는 이유 100가지를 늘어놓고 '안타깝지만, 결국 너는 작가가 되지 못할 거야.'라고 했다.

나는 그래서 한동안 내 꿈은 정말 꿈으로만 존재하는 것이라고 믿었다. 모두가 그렇게 말했으니까.

"현실은 다르다", "그런 건 아무나 하는 게 아니다" 익숙한 말 속에서 나도 모르게 '안 될 거야'라는 결론을 받아들여 버렸다. 심지어 공모전에 당선되고도 그 기회를 스스로 포기한 적도 있다.

지금 생각해 보면, 그건 내가 나를 믿지 못했기 때문이었다. '내가?' 하는 의심. 어쩌면 당선되었다는 사실 자체가 오히려 무서웠던 것 같다.

나는 깊고 축축한 우물 속 심연에 잠겨 있었다. 빛 한 줄기도 닿지 않는 곳. 아무리 눈을 떠도 앞이 보이지 않았고, 들리는 건 내 안의 속삭임뿐이었다.

"넌 안 돼."
"감히 무슨 꿈이야."

나는 그 속에서 꿈을 품는 것조차 죄를 짓는 것처럼 느껴졌다.

사람은 타인으로부터 부정적인 말, 특히 미래에 대해 단정 짓는 말을 계속 듣게 되면 그것을 내면화한다. 결국 그 말이 사실인 것처럼 행동하게 된다. 이것을 심리학 용어로 부정적 자기충족적 예언이라고 한다. (뒤에서는 이해하기 쉽게 '부정적 자기암시'라고 하겠다.

"넌 어차피 결혼하지 못할 거야. 넌 부모가 없잖니."
"내가 해봤는데 안 돼. 너도 안 될 거야."
"그건 타고난 재능의 영역이야. 넌 재능이 없잖아."
"분수를 알아야지. 넌 결국 남들보다 낮은 위치란다."

믿기지 않겠지만 세상에는 이런 말을 하는 사람들이 존재한다. '그럴 것이다'라는 생각을 하는 사람들은 타인의 미래를 쉽게 단정 짓는다. 자기 말에 책임질 이유가 없어서 쉽게 내뱉거나, 그렇게 말하는 게 습관이기 때문이다.

그들은 자신의 경험에 따라 자신이 그랬으니까, 타인의 삶도 당연히 그럴 것이라는 실수를 한다. 자신의 경험, 자신의 주변 사람들만 보고 편협한 시각으로 '너도 그럴 것'이라는 말을 한다.

또한 그런 말을 하는 것이 일상이라 전혀 잘못됐다고 생각하지 않는다. 말하곤 잊어버린다. (이게 제일 화나는 부분이다.)

장기간 부정적인 암시를 들은 당사자는 나중엔 스스로 부정적인 암시를 하게 된다. 나도 그랬다. 평생 부정적인 말을 들었고, 시간이 지나자, 그 말처럼 행동하고 있었다.

'나보다 대단한 사람들도 실패했어. 나도 실패하겠지?'
'이게 재능의 영역이라면, 나는 안 될 거야. 난 재능이 없으니까.'
'난 부모가 없으니 부족한 사람이야.'

나는 '어차피 실패할 거야, 실패하면 어떡하지? 사람들이 내 말이 맞잖아! 라며 손가락질하겠지?'라는 생각에 빠져 가능성이 있는 일조차 시도하지 않았다.

내가 나를 사랑해 주는 방법을 진심으로 찾아보겠다고 마음먹고 나서야 그제야 알게 되었다.

내가 끝없이 부정적인 말을 반복하고 있었다는걸.

혼자 조용한 카페에 앉아 작은 노트를 펼쳐두고, 펜을 들었다. 스피커에서 흐르던 음악이 잠시 끊기고, 커피가 갈리는 소리가 낮게 진동처럼 울렸다. 그 소리에 마음이 일렁였지만, 다시 고요해진 테이블 위에서 나는 쓱쓱 글자를 적어나갔다. 내가 어떤 말을 들었고, 어떻게 생각했더라.

"나는 왜 이걸 잘 못하지."
"이래서 안 되는 거야."
"넌 원래 부족하잖아."

그렇게 나에게 쏟아졌던 수많은 부정의 말들을 하나씩 꺼내 적으며 생각했다.

"왜 사람들은 내게 이런 말을 했을까. 그것보다 나는 왜 이 말을 진짜처럼 믿고 살아왔을까. 이 말들은 사실일까?"

그들은 신이 아니다. 그들도 나와 같은 한 사람의 인간일 뿐이다. 몇 년 더 오래 살았다고 해서, 경험이 많다고 해서, 혹은 현실적이라고 해서 미래를 정확히 내다볼 수 있는 사람은 없다.

그들이 내게 던진 조언이라는 말은 결국 그들의 삶의 조각일 뿐이었다. 지금 생각해 보면, 그건 나를 위한 말이 아니라 자신의 한계를 나에게 투영한 말이었다.

부정적 암시는 예언이 아니다.
그건, 그들의 한계일 뿐이다.

그렇게 마음속에서 문장 하나가 또렷이 떠오르는 순간 카페 안쪽에서 우유 데우는 소리가 촤- 하고 들렸다. 김이 뭉게뭉게 올라왔다. 내 안에서도 무언가가 따뜻한 것이 피어오르는 듯한 느낌을 받았다.
난 이제야 처음으로 타인의 말에서 자유로워지고 있는 건지도 몰랐다.

Workbook page

여러분은 누군가 여러분에 대해
단정 짓는 말을 들어본 적 있나요?
그리고 그 말을 내가 나에게 하고 있나요?

2부. 나라는 사람을 알아보자

나를 보는 새로운 방식

　퇴근길, 늘 지나치던 작은 동네 빵집 앞을 지나고 있었다. 다이어트 중이라 음식을 조절하고 있었는데 그날따라 유난히 빵집 문이 활짝 열려 있었고, 안에서는 갓 구운 크루와상 냄새가 바람을 타고 코끝을 스쳤다. 고소한 버터 향과 따뜻한 밀가루 냄새가 나를 유혹하듯 퍼져 나왔다. 순간, 머릿속이 하얘지며 파블로프의 개처럼 침이 고였.

　'이건 사야 해! 먹어야 해!'

　정신을 차려보니 나는 어느새 계산대 앞에 서 있었고, 내 손에는 크루와상 여섯 개가 들려 있었다.

이게 바로 조건 반사처럼 무의식적으로 하는 행동이다. (이해하지 못할 수도 있지만, 빵순이가 빵을 사는 건 무의식적으로 행해지는 막을 수 없는 영역이다.) 요지는 무의식적으로 하는 행동은 내 의지와 조금 다르게 움직인다는 거다.

우리의 무의식적 생각은 다양하다. 나에 대해 긍정적인 이미지를 가진 사람은 실수하더라도 '뭐, 그럴 수 있지. 다음에 더 잘할 수 있어.'라고 생각하는 반면, 부정적인 이미지를 가진 사람은 실수 했을 때 '나는 왜 이 모양일까. 발전이 없네. 정말 싫다.'라고 자신을 비난할 수도 있다.

나를 이해하고 받아들이기 위해서는 내가 무의식적으로 나를 미워하고 있는지, 어떤 생각을 하는지 인지하는 시간이 필요했다.

이미 무의식적으로 침을 흘리는 파블로프의 개가 되어버린 나는 크루와상을 우적우적 씹으며 내 생각을 알기 위해 10개의 질문을 던져보았다. 예전에 인지행동치료를 공부할 때 배웠던 것을 약간 가미해서 말이다.

1) 실수했을 때, 나는 나에게 어떤 말을 하나? 그 말은 누가 처음 했던 말인가?

2) 최근 나에게 가장 많이 한 말버릇은 무엇인가?

3) 새로운 것에 도전할 때 포기했다면 그 이유는 무엇인가?

4) 성공이나 칭찬을 받아도 기뻐하지 못했던 이유는 무엇인가?

5) 누군가가 나를 칭찬할 때, 그 말을 믿기 어려웠던 적이 있나? 왜 그랬을까?

6) '이건 나한텐 안 어울려', '내가 어떻게 이걸 해.'라고 생각하며 스스로 제한했던 것이 있나?

7) 내가 거울을 볼 때 떠오르는 자동적 생각은 무엇인가? 표정은 어떤가? 자세는 어떤가? 어떤 느낌이 드는가?

8) 나는 어떤 부분에서 '충분하지 않다'라고 느끼는가?
 그 기준은 어디서 왔는가?

9) 내가 나를 제일 싫어했던 시기는 언제였는가?
그때 들었던 생각은 지금도 하고 있나?

10) 내가 살아가는 데에 방해가 될 정도로 두려운 것은 무엇인가?

종이를 다 채우고 나니 내가 나를 대하는 방식이 어느 정도 보이는 듯했다. 그리고 다시, 모든 질문 뒤에 한 문장을 더 붙여보았다.

'내가 소중하게 생각하는 사람이나 타인이 그렇게 한다면 나는 어떤 말을 해줄 것이고, 어떻게 행동할 것인가?'

다시 한번 질문지를 작성해 보았다. 답이 완전히 달랐다. 나의 답을 몇 가지 공유해보자면 이렇다.

Q. 새로운 것에 도전할 때 포기했다면 그 이유는 무엇인가?
A. 자신이 없다. 자꾸 실패할까 봐 두렵고 뭔가 완벽한 길이 보이지 않으면 선뜻 도전할 수가 없다. 나는 실패할 거라는 생각이 계속 든다.

Q. 내가 소중하게 생각하는 사람이 도전을 포기한다면 나는 어떻게 할 것인가?
A. 실패하면 뭐, 큰일이 생기니? 실패해도 별거 없어.
그리고, 시도하지 않으면 지금과 달라지는 건 없어. 일단 한번 가벼운 마음으로 해보는 것은 어때?

Q. 내가 거울을 볼 때 떠오르는 자동적 생각은 무엇인가? 표정은 어떤가? 자세는 어떤가? 어떤 느낌이 드는가?

A. 나이 든 것 같아. 살을 더 빼야 하나? 얼굴이 점점 못생겨지는 것 같아. 가족들도 내가 못생겼다고 생각해. 자세도 굽었고, 표정도 어두워.

Q. 내가 소중하게 생각하는 사람이 스스로 그렇게 생각한다면 나는 어떻게 할 것인가?

A. 나이 드는 건 막을 수 없어. 예쁘게 나이 들 수는 있지. 일단 자세부터 펴고, 웃어보자. 웃기만 해도 사람은 예뻐 보여. 사람은 건강할 때 예쁜 거야. 운동을 해보는 건 어때? 자신감도 생길거야.

Q. 나는 어떤 부분에서 '충분하지 않다'라고 느끼는가? 그 기준은 어디서 왔는가?

A. 30대 중반의 여자. 애매한 나 같은 사람의 경력으로는 어딜 가도 환영받지 못하는 것 같아. 정말 쓸모가 없어. 그동안 뭘 하고 산 걸까.

Q. 내가 소중하게 생각하는 사람이 스스로 그렇게 생각한다면 나는 어떻게 할 것인가?

A. 한 게 없다고? 말도 안 돼. 지금까지 했던 일을 다 적어 보면 참 열심히 살았다 싶은데? 누군가를 가르친다는 건 대단한 일이야. 혹시 다른 일을 하고 싶은 것들도 있어? 새롭게 도전하고 싶은 게 있어? 한번 시도해 보자! 넌 충분히 잘하고 있어.

Q. 내가 살아가는 데에 방해가 될 정도로 두려운 것은 무엇인가?

A. 내가 책을 내든, 글을 쓰든, 수업하든, 새로운 일에 도전하든 사람들이 손가락질하고 욕할 것 같아. 실패자가 되는 게 두려워. 완벽하지 못한 내가 싫어.

Q. 내가 소중하게 생각하는 사람이 똑같은 두려움이 있다면 어떻게 해줄 것인가?

A. 무언가 시도한다고 해서 당장 길바닥에 나앉는 것도 아니고, 실패자가 된다고 해도 달라지는 것은 없어. 그저 너에겐 경험이 하나 더 생긴 거고 또 새로운 길이 열릴 거야. 문 하나가 닫히면 다른 문 하나가 열리는 것이 인생이거든. 완벽한 사람이 되기보다 도전하는 사람이 되는 건 어때?

자아분열이 일어난 것 같은 이 대화는 보기보다 내 생각을 들여다보기에 참 좋은 방법이었다. 그동안 나는 타인에게는 관대하면서도, 나 자신에게는 끊임없이 가혹했다는 걸 또렷하게 알 수 있었다. 이전까지는 거울을 볼 때마다 내 시선은 늘 비판으로 시작했고, '왜 이 모양이지' 하는 말이 먼저 떠올랐다. 스스로에게 질문을 던지는 시간이 없었다면, 나는 평생 나 자신을 어떻게 바라보고 있었는지도 모르고 살았을 거다.

크루와상을 다 먹고 입가에 묻은 고소한 가루를 털어냈다. 그 가루들과 함께 나를 짓눌렀던 지독한 말까지 함께 털어내는 기분이었다.

난 왜 그렇게 나에게 가혹했을까.
나를 왜 그렇게 안 좋은 시선으로 봤을까.

내가 냈던 용기, 도전. 넘어졌다가도 다시 일어섰던 순간들이 스쳐 지나갔다. 내가 버텨온 시간을 아는 사람도 바로 나였다. 나의 가장 큰 지지자는 나 자신이라는 걸 어렴풋이 깨닫고 있었다.

Workbook page

이번 장에 나온 질문 10가지를 자신에게 해봅시다.
그리고 내가 사랑하는 사람이 그렇게 말한다면,
나는 어떻게 말해줄지도 적어봅시다.

나의 욕구는 뭘까?

"Know yourself! 너 자신을 알라!"

이 말의 최초 등장은 그리스 델포이 신전이다. 고대 그리스 사람들은 델포이 신전에서 신탁을 받을 때, 이 문구를 보고 자기 성찰의 시간을 가졌다고 한다. 현대에서는 소크라테스가 한 말로 유명한데, 그가 이 말을 철학의 핵심으로 삼았기 때문이다. 그는 신전의 문구를 단순한 충고로 보기보다는 삶을 통째로 뒤흔드는 질문으로 해석했다.

그런데 나에 대해 도대체 뭘 알아야 한다는 걸까?
의문이 들지 않는가?

나는 이 문구를 'Know your nature. (너의 본질을 탐구하라)'라고 해석한다. 내 본질을 알기 위해서는 내 욕구를 알아야 한다. 욕구는 단순히 원한다는 것, 그 이상이다. 욕구는 감정의 근원이고, 행동의 동기이며, 삶의 방향을 만드는 원동력이다. 욕구는 행동에 엄청난 영향을 미친다.

인정받고 싶은 욕구가 강한 사람은 SNS에 자신의 성과를 올리거나, 멋진 모습을 올린다. 누군가가 멋지다고 하면 기분이 좋아지고 무시하면 분노한다.

안정에 대한 욕구가 강한 사람은 새로운 시도를 두려워하고 익숙한 것만 선택한다. 굳이 도전하지 않는다.

소속감의 욕구가 강한 사람은 무리해서 타인에게 맞추려고 하고 혼자 있는 것을 힘들어한다. 사람들에게 내 모습을 맞춘다.

권력에 대한 욕구는 어떠한가? 권력을 쥐기 위해 인간으로서 하지 못할 일을 하는 모습을 우리는 역사적으로 무수하게 봐왔다.

이렇듯 욕구는 우리 행동을 좌지우지한다. 내 욕구를 알면 자신을 이해할 수 있다. 내가 왜 이런 행동을 하는지, 왜 이렇게 생각하는지 알 수 있다. 자기 이해를 잘하는 사람은 자신의 욕구를 요구나 통제가 아닌 적절한 방식으로 표현한다. 그로 인해 삶의 방향이 또렷해진다. 진로 선택뿐만 아니라 인간관계 및 일상적 결정이 훨씬 명확해진다.

앞의 질문으로 나를 알아가던 그 기세를 몰아 이번엔 내가 가지고 있는 욕구를 정리해 보기로 했다. 내가 가진 욕구들은 나와 비슷한 마음을 가진 누군가에게도 해당할지 모른다. 욕구를 정리할 때는 최대한 날 것 그대로, 미화되지 않은 본래의 언어로 적는 것이 중요하다.

'내가 되고 싶은 모습이 아니라, 지금의 나.
인정하고 싶지 않은 감정일지라도, 보기 싫어 외면했던 욕망일지라도 똑바로 바라봐야지. 솔직해져야 비로소 내가 나를 이해할 수 있을 거야.'

그런 생각으로 마음 깊은 곳을 더듬어보았다. 생각보다 나는 꽤 많은 욕구가 있었고 그것들은 단순히 먹고 자고 입는 것뿐만 아니라 내 존재 이유를 정하는 것들도 있었다.

욕구와 욕심은 다르다. 욕구는 본질적으로 누구나 가지고 있는 것이다. 즉, 사람이라면 누구나 가지고 있는 것이며 이는 행동의 동기가 된다. 내 욕구는 다음과 같았다.

인정(사랑)받고 싶은 욕구: 나는 누군가에게 긍정적인 피드백을 듣고 싶다. 그로서 나의 가치가 확인되고, 동기부여도 된다. 타인에게 인정받지 못하면 불안하고 자존감이 떨어진다. 항상 더 나은 사람이어야 한다. 내가 나은 사람이 되지 못하면 나는 사람들로부터 존중받지 못하고 무시당할 것이다. 그래서 나는 늘 완벽해야 한다. 나는 '사회적으로 규정한 어떤 멋진 사람'이 되어야만 사랑받고 인정받을 수 있다.

소속되고 싶은 욕구: 다른 사람들과 함께 있고 싶다. 비록 그 사람들이 나에게 좋은 영향을 주지 않더라도 함께 하고 싶다. 어린 시절, 사람에게 거부당했던 경험 때문에 사람들과 친해지기 어렵다. 외로우면서도 계속 소속되려고 한다. 눈치를 보고, 휘둘린다.

보호받고 싶은 욕구: 언제 혼자가 될지 모른다는 생각이 든다. 경제적으로 궁핍해질지도 모른다는 생각이 들어 늘 불안하고, 혼자가 될지도 모른다는 두려움이 생긴다. 누군가 또는 무언가가 내 삶에 큰 해를 끼치고 평화를 무너뜨릴 것 같은 생각이 든다.

자아실현을 하고 싶은 욕구: 내가 좋아하는 일을 하고 싶다. 그렇게 하면서 행복을 찾을 수 있으면 좋겠다. 하지만 실패할까 봐 두렵기도 해서 도전하지 못한다. 그래서 괴롭다.

기본적으로 누구에게나 있는 욕구들이었다. 그러나 나는 이 욕구들을 건강하게 다루는 방법을 몰랐다. 나를 학대하고 미워하는 방식을 선택했다. 나를 쉬지 않게 하고, 더 많이 일하게 하고, 만족을 모르게 하고, 쉬면 죄책감을 느끼게 했다. 스스로 게으르다고 몰아붙였으며, 불안에 떨면서 용감하지 못한 자신을 탓했다.

나는 적어놓은 종이를 뚫어져라 봤다. 없어도 될 욕구들을 (사실 다 필요하지만) 하나하나 제거해 나갔다. 그러자 남은 건 인정받고 싶은, 사랑받고 싶은 욕구만이 남았다.

내 행동은 저 욕구로부터 시작되는구나.
뭐, 나쁘지 않아. 사랑이 고픈 걸 어쩌겠어.

가볍게 인정하고 나니 머리도 덜 아픈 것 같았다. 욕구를 인정하지 못하고 자신을 검열하는 사람들이 있다. 앞서 말했지만 욕구는 누구에게나 있는 것이다. 나쁜 것도 좋은 것도 아닌 그냥 '나'이다.

  자신의 욕구를 알면 '아, 내가 비정상적으로 이 욕구가 높구나.' 또는 '뭐, 평범하구나'를 알 수 있다.

  당장 나를 둘러싼 주변의 상황을 바꿀 수 없더라도, 이걸 기준으로 나 자신은 바꿀 수 있다. 또한 이를 인정하면서 나를 좀 더 받아들일 수 있게 된다.

Workbook page

건강한 사람이라면 누구나 욕구를 가집니다.
내 욕구는 무엇일까요?
나의 평소 행동, 생각을 적어보세요.
그 중 감정의 폭이 크거나 극단적인 것이 있다면
그와 관련된 욕구가 높은 것입니다.

감정을 알아야 하는 이유

우리 아파트 단지 안에는 놀이터가 있다. 덥지도 않은지, 아이들은 쉴 새 없이 뛰어다녔다. 미끄럼틀을 타고, 그네를 밀고, 누가 더 빠른지 시합이라도 하듯 운동장을 사방팔방으로 종횡무진 달렸다. 깔깔대는 웃음소리와 "내가 먼저!"라는 외침이 뜨거운 오후 공기 속을 가득 채우고 있었다.

갑자기, 그 시끄러움 사이로 한 아이의 울음소리가 커다랗게 터졌다. 놀이터 한쪽, 작은 그늘 아래에서 한 아이가 두 손을 꼭 쥔 채 고개를 젖히고 울음을 쏟아내고 있었다.
엄마가 다급히 다가와 아이를 안으며 "왜 그래? 어디 아파? 왜 울어?" 하고 질문을 쏟아냈다. 아이는 눈물이 가득한 목소리로 "몰라! 몰라!" 하고 고래고래 소리를 질렀다. 엄마는 계속 아이에게 "왜?"라는 질문을 하고 있었다.

그 장면을 보고 나도 모르게 고개를 끄덕였다.
'쟤가 모르는 건 당연하지.'

울고 있거나 화가 난 어린아이에게 '왜 그렇게 화가 났니?' '왜 슬프니?'라고 물어보면 '몰라요!'라고 대답하는 경우가 종종 있다. 대답하기 싫어서도 있지만, 정말 몰라서 그러는 경우도 있다.

사람은 성인이 되는 과정에서 자기 탐색을 하고 점점 자신이라는 존재를 알아가게 된다. 자신의 감정을 풍부하게 설명할 수 있고, 감정을 적재적소에 꺼내서 쓸 수 있게 된다.

하지만 자기 탐색의 시간이 충분치 않았던 경우, 자신이 어떤 사람인지 모르고, 자신이 왜 이렇게 행동하는지, 자신이 원하는 바는 무엇인지 모르게 된다.

그런 사람은 어른이 되어도 '당신은 왜 그렇게 행동하나요?' '당신은 왜 그런 감정을 느끼나요?'라고 질문받았을 때 '모르겠어요.'라고 밖에 말할 수 없다.

내 마음에 깔린 감정을 모르면 결국 나와 멀어진다. 감정은 나라는 사람의 상태, 욕구, 한계, 필요를 알려주는 내면의 언어다. 내면의 언어를 모르면 내가 진짜로 원하는 것, 싫어하는 것을 명확하게 알 수 없다. 다른 사람이 정해준 길을 따라가고, 남들이 원하는 모습으로 나를 포장하고 살게 된다. 결국엔 나답지 않은 삶을 산다.

감정을 모르면, 나에게는 무감각하면서 타인의 감정에만 민감해진다. 늘 상대방의 눈치를 살핀다. 타인의 감정이 내가 해결해야 할 과제가 되어버린다. 참 피곤하고 슬픈 삶이다.

이것이 우리가 감정을 알아야 하는 이유다. 감정은 그저 참는 것도, 마구 쏟아내는 것도 답이 아니다. 내 감정을 알아차리고 이해하는 것이 중요하다.

"아, 내가 불안하구나. 내가 상처받았구나. 그래서 방어하고 있구나."

다소 어색하게 보일 수 있지만 이렇게 감정을 알아차리면 나를 이해할 수 있게 되고 그제야 나를 사랑할 수 있는 문이

열리게 된다.

  놀이터에서 들려오는 아이들의 웃음소리와 고함이 창문 너머로 끊임없이 밀려왔다. 그 활기찬 소리를 뒤로 한 채, 나는 거실로 들어와 냉장고에서 차가운 얼음물을 꺼내 한 모금 마셨다. 머리가 맑아졌다.

  이 맑아진 머리로 내 감정을 탐색해보는거야!

  나는 책상 앞에 앉아 내 삶에 가장 깊은 흔적을 남긴 감정들을 차근차근 살펴보기로 했다. 사람의 감정은 정말 셀 수 없이 다양하지만, 그중에서도 나를 가장 어렵게 했던 감정들이 있다.

  나를 괴롭혔지만 결국엔 나를 이루는 중요한 조각들.
  그것들을 이제는 외면하지 않고 제대로 마주해보기로 했다.

내 존재에 대한 부정, 수치심

 진부하긴 해도 매번 다음 화가 궁금해지는 클리셰 범벅 드라마를 보고 있었다. 눈은 모니터를 응시한 채, 잘 익은 수박 한 조각을 집어 들었다. 단 향이 훅 들어왔다.

 드라마 속에서는 아들이 결혼하겠다고 데려온 여자와 함께 부모님 앞에 앉아 있었고, 분위기는 시작부터 심상치 않았다. 아버지는 인상을 잔뜩 찌푸린 채, 손에 들고 있던 찻잔을 탁 내려놓았다.

 "너는… 우리 집안의 수치다!"

순간, 집안이 얼어붙은 듯 조용해졌고, 아들의 눈에 억울함과 분노가 동시에 번졌다.

"아버지, 어떻게 그런 말씀을 하실 수가 있어요?"

아들은 여자의 손을 잡고, 벌떡 일어나 소파를 밀치듯 나가버렸다. 드라마 속 어머니는 따라나서지도 못한 채 부들부들 떨며, 자리에 앉아 있었다.

마음 한구석이 묘하게 저릿했다. 수박은 달았지만, 장면은 씁쓸했다. 현실에서 누군가 이런 대사를 한다면 (실제로 서로를 이해하고 사랑하는 가족들은 이런 말을 하지 않겠지만), 대부분 아버지, 어머니가 하고 그 말을 듣는 사람은 자식인 것 같다.

하지만 '너는 수치다'라는 말은 서로에게 결코 해서는 안 될 말이다. 이 말은 어떤 말보다 강한 부정적 의미를 내포하고 있다. 시간이 지난다고 잊히는 말이 아니다. 사람의 삶에 깊게 관여하는 강력한 말이다.

며느리가 마음에 안 든다고 아들에게 수치라고 한 아버지는 아들을 자신의 소유물쯤으로 생각하는 게 아닐까 하는 합리적 의심이 들었다.

우리는 일반적으로 '수치스럽다'라는 말을 '부끄럽다'라는 것과 혼동하곤 한다. 하지만 수치심과 부끄러움은 그 강도나 영향이 다르다.

예를 들어, 어떤 남학생이 좋아하는 여학생에게 고백하는 상황이라고 해보자. 남학생은 이 순간, 온갖 생각을 다 하게 된다. 여러 감정을 느끼겠지만, 보통 이런 경우 부끄러움이라는 감정을 크게 느낄 수 있다.

이후에 용기를 내어 고백했건만 여학생은 남학생이 마음에 들지 않았던 것 같다. 여학생은 '네가? 나를? 너 따위가?'라며 망신을 주고 거절했다. 이때 남학생은 수치심을 느낄 수 있다.

또 다른 예시로는, 인형을 너무나도 가지고 싶었던 아이가 인형을 주인에게 말하지 않고 가져왔다. 나중에 부모님이 '네가 한 행동은 남의 물건을 훔치는 행동이야. 그것은 잘못된 행동이란다.'라는 것을 말해주었다.

아이는 '어? 나는 그냥 인형을 가지고 싶었을 뿐인데. 아, 내 행동이 잘못되었구나.'라고 느끼면 그것은 부끄러움이다.

하지만 부모님이 아이를 훈육하는 과정에서 '너는 왜 그렇게 애가 나쁜 짓만 골라서 하니? 내 자식인데 내 자식 같지 않아. 옆집 재석이 반만 닮아봐라. 어휴, 어쩌다 저런 게 태어나서.'라고 비교하고 아이의 존재를 비난했다면, 아이는 강한 수치심을 느끼게 된다.

수치심은 자신의 존재가 거절당하거나 존중받지 못하다고 느끼는 감정이다. 생각해 보라. 내 존재 자체가 의미 없다면, 거절당한다면 얼마나 고통스럽겠는가?

수치심은 타인과 연결되는 감정이라 사회적 동물인 인간에게 중요한 감정이다. 수치심은 타인과의 비교에서 비롯된다. 그로 인해 자신의 한계를 깨닫게 되기도 하고, 자기 자신을 성찰하는 긍정적인 면도 있지만, 일반적으로는 부정적인 면이 훨씬 크다.

수치심을 경험하는 사람은 무언가 알 수 없는 아픔을 느끼게 된다. 수치심은 겉으로는 분노, 위축, 무기력, 방어의 형태로 나타난다. 그 감정의 밑바닥에는 내 존재의 부정이 깔려있다. 수치심은 자기 자신을 배척하게 만들고, 비하하게 한다.

긴 시간 수치심에 시달린 사람은 자존감이 낮아진다. 내 존재 자체가 문제일지도 모른다고 생각하게 된다. 또한 자신의 완벽하지 못한 사실에 집중한다. 결국 자신이 쓸모없다고 생각한다.

나에게 크게 작용했던 감정은 수치심이었다. 내 수치심의 시작은 어릴 때부터 시작했다.

내가 여섯 살이었을 때, 친엄마는 나와 동생을 길가에 남겨두고 택시를 타고 떠났다. 남겨진 우리는, 그날 이후로 할머니 집에서 살았다.

아빠는 충동을 못 견디는 타입이었다. 아빠는 술을 마시든, 마시지 않든, 기분에 따라 달라지는 사람이었다. 아빠가 기분이 좋지 않으면 우리는 그냥 조용히 있었다. 벽에 걸린 시계는 유난히 똑딱이는 소리가 컸다. 그 소리는 마치 긴장을 조율하듯 초 단위로 두려움을 덧씌웠고, 아무 일이 일어나지 않아도 벌써 무언가가 깨질 것 같은 분위기를 만들었다.

하루는 아빠가 주방 일을 잘 돕지 못하는 나를 거칠게 밀치면서 말했다.
"넌 암적인 존재야."
"없어져야 할 존재야."
나는 두려움에 떨면서 뒷걸음질 쳤다.

동생과 나를 키워준 할머니와 고모는 가끔 "너희가 없었으면 내 인생이 좀 더 나았을 텐데."라고 말했다. (아마 사는 게 지쳐서 그랬을 거라 생각해본다.)

'내가 태어나지 않았다면, 이 집엔 더 많은 웃음이 있었을 거야.'
나는 늘 그렇게 생각했다.

수치심을 느끼는 사람 중에 아등바등 노력하는 사람들이 있다. 양육 과정에서 어른들이 어떤 때는 아이의 존재를 인정해 주고 어떤 때는 아이의 존재를 거부한 경우, 아이는 혼란스러움과 함께 강한 인정 욕구에 시달리며, 어른이 되어 수치심을 느끼면서도 노력을 멈추지 않는다. 그들은 낮은 자존감을 가지고 '인정받아야 내 존재가 의미 있는 거야.'라고 생각하게 된다.

나도 학교에서 상을 받아오거나 일을 해서 돈을 벌어 올 때는 칭찬받았다. 그때만큼은 내 존재를 인정받은 느낌이었다. 나는 수치심에서 벗어나 내 존재를 인정받기 위해서 무언가 이뤄내야 했다.

지금도 내 친구들은 20대의 내 모습을 이 악물고 매분 매초를 열심히 살던 사람으로 기억한다. 그 과정이 마냥 즐겁지만은 않았던 건 아마 '잘 되야 한다'는 생각에 쫓기고 있어서 그랬을 거다.

학원에서 직책이 있는 자리로 가게 되자 집안 어른들은 모두 이렇게 말했다.

"네가 그나마 일이라도 하니까 어쩌면 결혼은 할 수 있을지 몰라. 부모가 없지만 돈은 버니까 누군가 데려가려고 하지 않겠어? 넌 꼭 일을 해야 한단다. 그래야 사람들이 널 좋아하지. 돈을 못 벌면 쓸모없어지고 결국 결혼을 하더라도 이혼하게 될 거야."

학원에서 일하면서 나는 자신을 감시하고, 비판하고, 내 생각을 검열했다. 더 높은 성과를 내고 돈을 더 많이 벌어야 내가 쓸모 있는 인간이라는 생각이 들었다. 확실히 끊임없이 채찍을 휘두르니 성과는 좋았다.

그러나 힘들어서 쉬고 싶다는 생각이 들면 '나는 왜 이렇게 게으를까. 난 게으른 인간이야. 쓸모없어.'라며 스스로 괴롭게 했다. 이후 나는 심한 우울증에 빠졌다. 약을 먹으면서도 내 존재를 인정받기 위해 아무렇지 않은 척 출근했다.

사람은 주 양육자(부모, 조부모 또는 나를 키워준 존재)로부터 있는 그대로 소중히 여겨지며 온전히 사랑을 받아야 한다. 그래야 자기 존재만으로도 충분히 가치가 있고 사랑받을 만하다고 생각하며 성장하게 된다. 충분한 관심과 애정, 보살핌을 받지 못하게 되면 자신의 존재 자체에 의문을 품게 된다.

수치심은 내게 양극단의 생각을 하게 만들었다.
"더 열심히 해야 해. 부지런해져야지. 늦잠 자면 안 돼. 난 여자니까 예쁘고 날씬해야 사랑받을 수 있어. 돈을 더 많이 벌고 사회적으로 성공해서 사람들이 날 부러워하는 삶이 성공한 삶이야."

"아, 정말 쉬고 싶다. 너무 피곤해. 낮잠을 자는 것은 어떤 기분일까? 나도 낮잠이라는 것을 자보고 싶어. 근데 어떻게 쉬는 거지? 쉬는 방법도 모르는 나… 왜 사는 걸까?"

극단의 두 가지 생각은 나를 지배하고 괴롭혔다. 수치심은 뿌리 깊게 박혀 부정적이고 왜곡된 생각을 하게 만들었다.
나는 수치심이라는 녀석이 나의 인생에 얼마나 큰 영향을 주고 있는지 알게 되었다.

상담 선생님은 내 수치심에 대해 이렇게 말했다.
"자꾸 극단적인 생각을 하게 되는 이유는 '내 존재가 의미 없다'라고 생각해서 그럴 수 있어요. 어린 시절 수치심을 느끼면 그럴 수 있죠. 지금이라도 자신을 보듬어주세요. 그냥 존재 자체로 가치 있다고."

어떤 조건이 없어도 나는 괜찮은 사람이라는 생각이 필요했다. 수치심은 아주 깊숙이 자리하고 있어서 자연스럽게 부정적인 생각이 들었다. 나는 여러 번의, 아주 여러 번의 수십, 수백 번의 감정 훈련을 해야 했다. (그것은 3부에 적어보겠다.)

나의 모든 행동의 기반이 수치심에서 비롯되었다고 생각하니 내가 안쓰럽게 느껴지기 시작했다.

<u>스스로 안타깝게 여길 수 있는 마음.</u>
이것만으로도 큰 성과였다.

Workbook page

여러분은 수치심을 느껴본 적이 있나요?
어떤 때였나요? 지금까지도 그 감정이 영향을 주고 있나요?

마음속의 짐, 죄책감

운전 중 문득 생각이 나서 블루투스로 전화를 걸었다. 수신음이 두 번 울리고, 익숙한 목소리가 들렸다.

"여보세요, 니 잘 있나?"

나는 짧게 웃었다가, 바로 말을 꺼냈다.

"할머니… 이번 주엔 좀 바빠서, 못 갈 것 같다."

잠깐의 정적.

할머니는 잠시 멈췄다가,

"그래, 바쁘제… 괜찮다." 하고 말했다.

아무렇지 않은 척하는 말투. 그 안에 섞인 적잖은 실망과 외로움을 느낄 수 있었다.

미안했다. 그런데 그 감정은 곧 미안함을 넘어 죄책감으로 바뀌었다.

창밖 풍경이 휙휙 지나갔다. 가로수, 편의점, 빨래 널린 베란다, 누군가의 일상이 담긴 장면들이 쉼 없이 내 곁을 스쳐 갔다. 나 혼자만 멈춰서 있는 것 같았다. 끊을 수 없는 죄책감에 휩싸여서.

동생도, 나도 그렇다. 우리는 지나치게 큰 죄책감을 느낀다. 잘못을 한 것도 아닌데 쉽게 "내 탓일까?"라고 생각해 버린다. 어릴 적부터 체화된 어떤 감정의 자세다.

전화를 끊고도, 내 머릿속에는 할머니의 "괜찮아"라는 말이 오래도록 맴돌았다.

정말 괜찮은 걸까?
아니면,
괜찮다고 말해야만 했던 걸까?

집으로 가는 길이 어쩐지 더 멀어지는 것 같았다.

"Guilt is the fear of not being good enough."
(죄책감은 '나는 충분히 괜찮은 사람이 아니다'라는 두려움에서 온다)

한 심리 전문가는 죄책감에 대해 위와 같이 말했다. 죄책감은 나와 타인의 상호작용에서 나타나는 감정이다. 앞서 말한 수치심이 타인을 의식하며 자신의 존재가 의미 없다고 생각하며 느끼는 감정이라면, 죄책감은 자신이 저지른 잘못에 대해 자신과 타인에게 책임을 느끼는 마음이다.

죄책감은 죄의식이나 윤리의식에서 시작할 수 있다. 죄책감이 건강하게 작용하는 사람은 잘못을 저지른 후에 반성하고 다음에 같은 실수를 하지 않으려 노력한다. 또한 타인에게 되도록 해를 끼치지 않으려고 하고, 신뢰감이 들도록 행동하게 한다. 이는 타인과의 관계가 두터워지도록 일조한다. 적절한 죄책감은 건강한 사회관계를 만드는 데에 도움이 된다.

하지만 항상 과한 것이 문제다. 과한 죄책감을 느끼는 사람은 단순한 반성을 넘어 끊임없는 후회를 한다. 후회는 끝내 자신에 대한 근본적인 의심으로 확장된다.

"나는 왜 그때 그렇게밖에 못했을까."

"내가 좀 더 좋은 사람이었다면, 그 사람도 상처받지 않았을 텐데."

"나 때문에 이렇게 됐어."

"나는 왜 이럴까."

"내가 아니면 이 사람은 행복할 텐데."

"난 남들에게 피해만 줘."

나에게는 수치심뿐만 아니라 죄책감도 크게 작용하고 있었다. 특히 '어른들이 나를 키워주셨으니, 그들의 세월을 보상해 줘야 해.'라는 생각이 주를 이루는, 가족들에 대한 죄책감이 컸다. 특히 할머니와의 관계는 내 죄책감의 근원이었다.

할머니는 우리를 열심히 키우셨다. 그러나 가끔은 감정을 통제하지 못하셔서 한 번씩 "너희 때문에 내 인생이 망가졌어. 어떻게 책임질 거냐."라고 했다. 고작 초등학생이었던 나는 아무 말도 할 수 없었다.

'어떻게 해야 하지? 내가 태어나지 말았어야 했나? 내가 어떻게 책임을 지지?'

방법이 떠오르지 않았다. 간혹 고모도 그런 말을 했기 때문에 내가 살아서 숨 쉬는 것만으로도 타인에게 피해가 되는 것 같았다.

독립 이후에도 매일 전화를 하지 않으면 할머니는 섭섭해하기도 하고, 화를 내기도 하고, 아이처럼 울기도 했다. 전화하지 못할 때면 미칠듯한 죄책감에 숨이 막혔다. 내 마음을 힘들게 하는 가족들을 만나고 싶지 않은데 당연하게 만나러 가야 할 것 같았고, 계속 전화하고, 챙겨야 할 것 같았다.

당연하다는 것은 뭐고, 당연하지 않은 것은 뭘까?
그 틀은 누가 만들었을까?
어쩌면 다른 사람들이 만든 보이지 않는 틀 때문에 내가 가져야 하지 않아도 될 죄책감을 가지는 게 아닐까?
이 죄책감은 사실 비정상적인 죄책감이 아닐까?

상담사 선생님은 말했다.

"그 죄책감은 이레 님의 부모님이 가져야 할 마음이에요. 이레 님의 것이 아니라는 거죠. 어른들의 인생의 짐을 대신 짊어지지 마세요."

죄책감이라는 것은 내가 잘못했던 것들을 제대로 인지하고, 용서를 구하거나, 다시는 그런 실수를 하지 않도록 노력하기 위해 있는 감정이다. 그러나 나는 내 것이 아닌 다른 이가 가져야 할 죄책감을 뒤집어쓰고 고통스러워하고 있었다.

나는 늘 죄책감을 안고 살아야 한다고 믿었다. 어떤 상황에서도, 나 자신을 먼저 탓하고, 내가 잘못했기 때문에 이런 일이 일어났다고 생각했다. 그렇게 자신을 벌주며 살아온 날들이 참 길었다.

나는 죄책감에 짓눌리며 살아야 할 사람이 아니라, 처음부터 누군가에게 존중받고, 이해받아야 했던 존재였던 게 아닐까?

아, 그랬다.
비난이 아닌 이해가 필요했던 사람은 나였다.

Workbook page

여러분은 어떤 죄책감을 가지고 있나요?

여러분이 생각하기에 적절한 정도의 죄책감인가요?

죄책감이 너무 심할 때는 어떻게 하나요?

일상이 되어버린 불안

새벽 3시.

도무지 잠이 오지 않았다. 불꺼진 거실은 고요했지만, 내 마음속은 조용하지 않았다. 설명할 수 없는 불안이 가슴 언저리를 묵직하게 눌렀다. 마치 어딘가에 갇혀 있는 듯한 느낌. 나는 주방에 갔다가 의자에 앉았다가 바깥을 보기도 하며 부산하게 움직였다. 온몸에 감정이 들끓고 있었고, 집의 어딘가를 맴돌며 막연한 무언가로부터 도망치고 있었다.

어느새 습관처럼 손톱을 잘근잘근 깨물고 있었다. 뭔가를 끊어내려는 듯, 아니면 무엇이든 느끼고 싶어서였을까. 창문 바깥에서 간간이 차가 지나가는 소리가 들렸다.

"웅-" 하는 낮은 진동이 어둠 속을 긁고 지나가면 다시 원래의 정적이 돌아왔다. 거실은 캄캄했고, 나를 제외한 세상은 잠든 것 같았다. 그렇다. 나는 불안했다.

요즘의 사회는 어디에서나 불안을 쉽게 느끼게 만든다. SNS, 미디어, 인터넷… 우리는 쉴 새 없이 타인의 삶을 보고 자신이 얼마나 뒤처져있는지를 확인하며 불안함을 느낀다. 우리의 뇌는 속삭인다.

"이번 시험 망치면 인정받지 못할 거야. 인정받지 못하면 쓸모없어"
"사람들이 널 싫어하게 되면 외톨이가 될 거야. 위험해."
"능력 없는 사람은 사회에서 도태되는 거야."

이런 생각을 하면 사람은 불안해진다.

세계보건기구(WHO)에 따르면, 전 세계 성인의 약 4%가 불안장애를 겪고 있다고 한다. 코로나19 팬데믹 이후, 불안과 우울의 유병률은 25%나 증가했으며, 이는 단순한 통계를 넘어 우리 모두의 삶에 깊은 영향을 미치고 있다.

WHO와 국제노동기구(ILO)는 불안과 우울로 인해 매년 엄청난 근무 인력이 영향을 받으며, 이는 전 세계 경제에 연간 1조 달러 이상의 손실을 초래한다고 보고했다. 이쯤 되면 불안은 더 이상 개인만의 문제는 아니다.

나에게 불안은 특별한 감정은 아니었다. 기분이 나빠질 때만 찾아오는 감정도 아니었다. 항상 옆에 앉아 있는 사람처럼, 나와 함께 했다. 나와 함께 밥을 먹고, 걸어 다니고, 일하고, 잠을 잤다. 매 순간 함께했다.

작은 말 한마디에도 가슴이 철렁 내려앉았고, 아무 일도 일어나지 않았지만, 뭔가 큰일이 벌어질 것 같은 기분에 잠을 설치기도 했다. 특히 '잘해야 한다.' '실수하면 안 된다.' '나는 괜찮은 사람이어야 한다'라는 생각을 할 때면 불안이라는 녀석은 덩치를 키워갔다.

나는 나에게 의구심을 품고 있었다.
"이래도 괜찮을까?"
그러면 내 안의 불안은 대답했다.
"당연히 안 괜찮지. 지금 뭔가 잘못되고 있어."

단언컨대, 나는 30대 중반인 지금의 나이가 될 때까지 '마음이 편안하다'라는 느낌을 받아본 적이 없다. 나는 항상 다음을 대비했다. 이걸 이루면 그다음, 그다음, 그다음.

앞서 말한 수치심과 죄책감은 성인이 되고 훨씬 후에야 인지했지만, 불안은 어릴 때부터 어렴풋이 알고 있었다. 다만 당시에는 어떻게 대처해야 할지 몰랐다.

세상 사람 모두에게 있는 감정이 유독 내 세상에서는 과민하게 작동하고 있었다. 불이 나면 시끄러운 사이렌이 울리듯, 내 세상의 불안 사이렌은 1년 365일 내내 켜져 있었다.

터질듯한 감정을 가라앉혀 보려고 병원에도 가보고, 약도 먹어보고, 숨이 터질 듯 운동도 해보고, 사람들을 만나보기도 하고, 여행을 떠나보기도 하고, 책도 많이 읽어보았다.

하지만 그 순간뿐이었다. 잠시 괜찮아졌다가 어느 순간 뒤돌아보면 불안이 다시 내 어깨를 톡톡 두드리고 있었다.

불안을 잠재우고자 요가원을 다닐 때였다. 그날도 나는 정신없이 요가원에 도착해서 이 일, 저 일을 생각하며 요가를 시작했다. 누가 봐도 집중을 못하고 상태였다. 그런 나를 보던 요가원 언니가 수업이 끝나고 나를 불렀다.

"음, 요가는 자세도 중요하긴 한데, 그것보다 더 중요한 게 있어."

"그게 뭔데요?"

"요가를 왜 수련이라고 부르는지 알아? 요가는 '지금, 이 순간'에 집중하는 연습을 하는 거거든. 지금, 이 순간에 존재하는 거지. 넌 몸은 여기에 있는데 정신이 다른 곳에 가 있어.

요가에서 자세를 취하는 이유는 우리가 자세를 잡을 때 몸의 상태를 관찰하려는 거야. 몸에 느껴지는 감각에 집중하고 현재 순간에 온전히 몰입하기 위함이지.

네가 불안해하는 것들은 지금 요가를 하는 동안에는 해결할 수 없는 것들이야. 그러나 이 순간, 현재에 집중하면 그 시간 동안은 불안한 감정이 옅어질 수 있지. 그렇게 현재에 집중하는 시간이 늘어나면 불안도 차츰차츰 작아질 거야. 그렇게 한 번 해봐."

집으로 오는 길에 언니의 말을 몇 번이나 곱씹었다. 언니 말이 맞았다. 나는 지금, 현재, 이 순간을 산 적이 없었다. 눈은 과거를 보고 후회했고, 머리는 올지 안 올지 모르는 미래를 두려워하고 있었다. 내 발은 어디로 갈지 몰랐다. 그때 언니의 말은 불안 속에 있는 나를 정확하게 볼 수 있게 해주었다.

　나는 불안해하는 나에서 불안을 지켜보는 나로 점차 바꾸려고 해보았다. 불안은 완벽하게 없앨 수 없다. (그래서도 안 된다.) 다만 오늘 하루, 내 몸은 어디에 있고, 내 마음은 어디에 있는지, 잠깐이라도 바라보는 연습은 불안한 세상 속에서 나를 현재로 데리고 오는 방법이 되었다.

Workbook page

우리는 불안해지기 쉬운 세상에 살고 있습니다.
무엇이 여러분을 불안하게 만드나요?
여러분은 불안할 때 어떻게 대처하나요?

자신을 위로하는 법

지금은 더 이상 연락하지 않는 지인이 있었다. 아주 평범한 하루의 한가운데 문득 그녀가 떠올랐다. 그녀는 항상 세상에서 자신이 제일 불행하고 가장 고통받는 사람이라고 믿었다. 대화는 언제나 그녀 중심이었고, 그녀 자신은 늘 피해자였으며, 그 사실을 알아주지 않으면 분노했다.

외모는 정말 예뻤다. 그녀가 왜 그렇게 행동하는지 도무지 이해되지 않을 만큼. 누구를 만나도 오래 가지 못했고, 그녀를 만났던 한 오빠는 "감정 기복이 너무 심해서 질려버렸다"라고 말했다. 그 말이 그때는 조금 과하다 싶었지만, 시간이 흐를수록 이해가 되었다.

그녀처럼 평가와 비난에 함몰되어 버린 사람이 자신의 감정을 잘 관리하지 못하면, 자신만이 유일한 피해자라고 생각하게 된다. 끝내는 자기 자신을 비난한다.

그렇게 되지 않기 위해서는 자기 위로가 필요하다. 특히 요즘같이 평가가 난무하는 세상에서 스스로 위로하는 방법은 자신을 지키는 무기가 될 것이다.

제2차 세계 대전에 나치 독일의 아돌프 히틀러와 맞서 치열하게 싸웠던 영국 총리인 윈스턴 처칠을 한번 보자.

그는 엄청난 리더십으로 유명하지만, 한편으로 심각한 우울증을 앓았던 사람이기도 하다. 그가 블랙독이라고 불렀던 우울증은 때로 그를 짓누르고, 침대 밖으로 한 걸음도 못 나오게 했다.

40대 중반, 그는 여러 갈등과 정치적 실패로 심각한 우울을 겪었다. 그는 거의 폐인처럼 지냈고, 자살 직전까지 갔다. 그때 그는 처음으로 유화를 접했다. 이후 500점이 넘는 유화를 그렸다. 그는 그림을 통해 고요함, 몰입, 자기 회복을 경험했다.

제2차 세계대전이 일어났을 때도 그의 우울증은 지속되고 있었다. 총리로서 낮 동안 열심히 일했고, 밤에는 우울감에 빠져있었다. 그는 새벽까지 브랜디를 마시면서 일했다. 모든 순간에 그는 우울증과 싸우고 있었다. 전쟁이 끝나고도 그는 계속되는 자살 충동 때문에 배를 타거나 강가나 호수 주변에는 아예 가지 않았다.

그는 새롭게 자기 자신을 위로할 수단이 필요했다. 그것이 글쓰기다. 글쓰기로 생각을 언어화하며 감정의 소용돌이를 정리했다. 그는 자신이 겪은 제2차 세계 대전의 회고록을 썼고 8년 뒤에 노벨문학상을 수상했다. 그의 나이 79세였다. 글쓰기 활동은 그가 우울증을 이겨내기 위한 방도 중 하나였다.

처칠은 자신의 고통에 함몰되지 않았다. 세상이 뜻대로 흘러가지 않아도, 우울한 감정이 밀려와도, 그는 그 감정에 휘둘리지 않았다. 분노하지도, 좌절하지도 않았다.

그는 그저 묵묵히 주어진 현실 속에서 자신이 할 수 있는 최선을 다하려 했다. 그런 태도는 그의 삶 전반에 걸쳐 깊이 새겨져 있는 걸 알수 있다.

어쩌면 그는 누구보다 인간적인 사람이었기에 넘어지기도 했고, 외로웠을지도 모른다. 하지만 처칠은 우울한 감정에 빠져있기보다 그 속에서도 걸어갈 이유를 찾았다.

그의 그런 태도는 그의 명언 안에도 고스란히 남아 오늘을 살아가는 우리에게도 큰 위로가 되어준다.

A pessimist sees the difficulty in every opportunity, an optimist sees the opportunity in every difficulty
비관론자는 모든 기회에서 어려움을 찾아내고, 낙관론자는 모든 어려움에서 기회를 찾아낸다.

Never give in. Never give up. Never, never, never, never!
절대로 굴복하지 마시오. 절대로 포기하지 마시오. 절대, 절대, 절대, 절대로!

처칠은 자신이 세상에서 제일 불쌍하고, 자신이 가장 안타깝다고 생각하지 않았다. 자신의 우울증이 다른 이들의 것보다 고통스럽다고 생각하지 않았다. 그저 오늘을 살 뿐이었다. 그는 유화를 그리고, 정원을 가꾸고, 글을 썼다. 그는 말했다.

"Writing is an adventure. To begin with it is a toy, then a mistress, then a master, then a tyrant."

글쓰기는 단순한 작업이 아닌, 자신을 들여다보는 자기 탐색의 여정이었다.

나를 위로하는 방법은 뭐든 좋을 것이다. 글쓰기, 그림그리기, 춤추기, 노래하기, 좋아하는 사람과 대화하기, 편지쓰기, 걷기, 운동하기, 맛있는 것 먹기 등등.

위로란, 누군가가 나를 대신 꺼내주는 것이 아니리, 스스로 내 안의 블랙독을 꺼내어 달래는 일인지도 모른다.

Workbook page

따뜻한 위로는 때로 우리에게 엄청난 힘을 줍니다.
여러분은 자신을 위로해 주는 방법이 있나요?

그럼에도 불구하고

 나는 예술은 잘 모르지만 빈센트 반 고흐는 안다. 토플을 가르치면 종종 그의 이름을 볼 수 있는데, 나는 그의 삶을 알고나서 다소 놀랐다. 그의 삶을 조금만 들여다보면, "정말 괴로웠겠다"는 말이 저절로 나온다.

 그는 평생 단 한 점의 그림만 팔았다. 화구를 살지, 빵을 살지 고민해야 할 만큼 가난했고, 동생 테오의 지원이 없었다면 그림조차 그릴 수 없었을 것이다.
 뇌전증과 극심한 우울증, 외로움이 그를 따라다녔다. 사람들과의 관계는 어긋나기 일쑤였고, 그 누구도 그의 깊은 내면을 완전히 이해해 주지 못했다. 결국 그는 정신병을 앓다가,

자신의 귀를 자르는 극단적인 행동까지 하게 된다.

그 장면은 지금까지도 "예술가의 광기"로 알려져 있지만, 사실은 극심한 고통을 이겨보려는 절박한 몸부림에 더 가까웠을지도 모른다.

그런 상황에서도 그는 멈추지 않았다. 고통 속에서도 그림을 그리고, 또 그렸다. 그는 아주 생산적인 화가였다. 단 1년 동안 200점이 넘는 그림을 그렸고, 수십 통의 편지를 썼다.

그 편지 속에서 만나는 반 고흐는 예상과 달리 놀라울 만큼 다정한 면모를 보여주었다. 그는 절망에 빠져 허우적거리기보다는, 자신을 진심으로 이해하려 애썼고, 감정을 억누르지 않고 꺼내어 말로 정리했다.

그는 자기연민에 빠지기보다, 자기 자신을 위로하고 보듬으려는 사람에 가까웠다. '이 정도면 충분해', '너는 괜찮아'라고, 스스로에게 말을 걸며 하루하루를 버텼다.

그의 편지를 읽다 보면, 그 고통의 나날조차도 의미 있는 삶으로 바꾸려는 한 사람의 의지가 느껴진다. 그래서 반 고흐의 그림은 단순한 예술작품이 아니라, 살아 있는 감정, 어떤 이의 고백처럼 다가오는 것 같다.

특히 동생 테오에게 보낸 수많은 편지를 보면, 자신을 향한 자책과 비난의 말도 있지만 그 안에는 언제나 '그럼에도 불구하고'가 따라붙는다.

"조금만 더 해보자."
"나는 아직 살아 있어."
"내게 예술이 없다면, 나는 진작 죽었을 것이다."

그는 매일같이 자신을 바로 세우고 삶의 가장자리에서 자신을 위로하고 설득하는 말을 꺼냈다. 그가 한 말 중에 내가 가장 좋아하는 말이 이것이다.

"그럼에도 불구하고 나는 계속 그린다."

이 짧은 문장은 모든 것을 담고 있다. 그에게 그림은 단순한 직업이나 열정이 아니었다. 그를 살게 하는 유일한 이유. 하루를 다시 붙잡을 수 있는 유일한 손잡이였다.

나에게는 하루를 붙잡고 살아갈 손잡이가 있었던가?
그의 삶을 보면서 이런 생각을 하지 않을 수가 없었다.

반 고흐의 위로는 행동이었다. 그는 감정을 억제하고 참기보다는 그림을 그리고, 편지를 쓰고, 걸어 다니면서 풀어냈다. 슬픔과 외로움을 숨기지 않고, 있는 그대로 말하는 것이 위로가 되기도 한다는 걸 그는 알고 있었다.

처칠과 마찬가지로 고흐 역시 자신을 있는 그대로 보고 감정을 풀어냈다. 그는 슬픈 마음을 안고 살았지만, 그 안에서 아름다움을 발견하려고 했다. 그가 자기 위로를 하지 않았다면 우리는 지금의 별이 빛나는 밤도 만나지 못했을 것이다.

사람은 마음속에 있는 감정을 꺼내고 말하고, 적고, 그리고, 표현하는 과정이 꼭 필요하다. 타인의 위로로는 채워지지 않은 어떤, 그 공허한 부분을 자신의 감정을 풀어내는 과정에서부터 서서히 채울 수 있다.

한국에서 사람들은 우울, 슬픔 등의 부정적 감정을 잘 풀어내지 못하는 것 같다. 우울증, 조울증 등등 정신질환을 의지가 약한 것으로 치부하여 손가락질한다. 누군가 슬픔, 괴로움을 토로하면 '야, 너만 힘들어? 내가 더 힘들어.' '그거 가지고 뭐가 그렇게 슬퍼?'라며 상대의 감정을 무시한다.

감정은 바깥으로 꺼내어 함께 들여다보고 돌보는 시간이 필요한데, 아직 그러지 못하는 현실이 아쉽긴 하다.

나는 남들이 듣기에 우울한 사연을 가지고, 남들이 보기에 슬픈 글을 쓴다. 한때 사람들이 좋아할 것 같은 밝을 글을 써보려고 노력해 본 적이 있지만, 이내 다시 어두워졌다.
지금은 그것이 내 감정이라고 생각한다. 내가 밖으로 풀어내야 할 감정.

칙칙한 나의 글을 싫어하는 사람들이 많다.
그럼에도 불구하고 나는 글을 쓴다.
이는 스스로에 대한 위로이자, 치유이기 때문이다.

Workbook page

삶이 힘들 때 '그럼에도 불구하고' 살아가야 할 이유가
있는 사람은 다시 일어설 수 있습니다.
여러분이 삶을 살게 하는 이유는 무엇인가요?

괜찮은 사람

늦은 밤, 카페 한쪽 구석에 앉아 있었다. 손에 쥔 펜으로 노트 가장자리를 조용히 톡톡 두드리며 생각에 잠겼다. 주변은 제법 시끄러웠다. 사람들은 여전히 무언가를 이야기했다. 커피 기계가 증기를 내뿜었고, 잔을 내려놓는 소리가 몇 번이고 들려왔다. 그 모든 소음은 나에게 백색소음처럼 들렸다. 노트엔 세 가지 감정이 적혀 있었다.

수치심, 죄책감, 그리고 불안.
나를 지배해 온 감정들.

그것들을 가만히 바라보면서 내가 얼마나 힘든 여정을 걸어왔는지 조금은 이해하게 되었다. 단순히 나쁜 감정이네, 하고 넘기기엔 중요한 녀석들이었다. 내가 누구인지, 왜 이렇게 살아왔는지를 드러내 주는 실마리였다.

과거의 고통스러운 장면들을 하나둘 떠올리며 나의 삶 전체를 되짚어보게 되었다. 솔직히 말하면, 좋아하지도 않는 과거를 회상하는 과정은 절대 쉽지 않았다. 심적으로 버겁지 않았다고 하면, 거짓말이다.

가장 마음이 아팠던 것은 어린 시절에는 타인에 의해 이루어졌던 학대를, 어른이 된 내가 나에게 했다는 점이었다.
스스로 미워하고, 혐오하고, 만족하지 않았다.

'하늘은 스스로 돕는 자를 돕는다'

이 말을 처음 들었을 땐 개소리라고 생각했다. 누가 날 도와주지 않는데 내가 무슨 수로 나를 돕는단 말인가?

'너 자신을 사랑해라'

역시나 개소리라고 생각했다. 누군가 날 사랑해 주지 않는데 무슨 수로 내가 날 사랑한단 말인가?

그러나 긴 시간 동안 내 감정을 보고, 내 모습을 관찰하면서 알았다. 불안 속에 있는 나를 꺼낼 수 있는 사람은 나 자신이라는 것, 관계의 죄책감 속에 빠져서 괴로울 때 나를 보호할 수 있는 사람은 나 자신이라는 것, 마음속에 깔린 수치심을 치우고 내 존재를 확립할 수 있는 사람 역시 나라는 것을.

내가 나에게 손을 내밀어 우물 밖으로 꺼내주어야 했다. 그래야 내가 온전히 나로서 살 수 있었다. 나는 약점이 있고, 상처가 있는 사람이다. 완벽하지도 않다. 그런 나를 제대로 알아가기 시작했을 때, 마음속에 뿌듯함이 일었다.

'나는 변해야 해, 달라져야 해'라는 생각에서 '아, 내가 이랬었구나. 그래, 이랬는데도 살아있구나. 나름 열심히 했네.'라는 생각으로 바뀌고 있었다.

내 존재를 있는 그대로 인정하고 받아들이는 일은 쉽지 않았고 지금도 쉽지 않다. 아마 평생 연습해야 하겠지.

완벽하지 않아도 괜찮다.
조금 느려도 괜찮다.
그냥 지금 있는 그대로의 나를 어제보다 더 다정하게 대하면 된다.

이제는 나를 몰아세우는 내가 아니라, 나를 믿어주고 응원해 주는 가장 든든한 내 편이 바로 나 자신이었으면 좋겠다.

나는 나와 친구가 되어가고 있었다.
천천히, 하지만 분명하게.

3부. 나에게 다정할 것

나를 위하지 않는 사람과 안녕하기

최근 출산한 친구가 있어 오랜만에 다른 친구들 몇 명과 함께 놀러 갔다. 거실에는 작고 부드러운 숨소리가 들렸고, 분유 냄새와 뽀송한 파우더 향이 코 끝을 간질였다.

작은 아기는 세상과 낯을 가리지 않는 듯 손과 발을 꼼지락거리며 눈을 깜빡였다. 나는 아기의 얼굴을 멍하니 바라보다가 문득 내 쪽을 보는 친구들의 시선을 느꼈다.

"이레야, 이번 명절에 또 본가 가게?"

한 친구가 조심스럽게 물었다.

"어...뭐... 가야 하지 않을까?"

내가 어색하게 답하자 또 다른 친구가 말을 이었다.

"으, 가지 마. 제발. 너 그때마다 얼마나 힘들어하는데."

"다녀오면 며칠씩 우울해하고, 괜히 또 널 탓하잖아."

친구들의 말투는 다정했지만 단호했고, 나는 괜히 웃으며 고개를 돌렸다. "그래도... 가족인데..."하고 중얼거렸지만, 내 안의 어떤 부분은 그 말이 내 진짜 감정이 아님을 알고 있었다. 친구들은 더 다그치지 않았지만, 그들의 얼굴에는 걱정이 담겨 있었다.

여긴 이렇게 따뜻한데,
왜 내가 가야 하는 곳은 그렇게 차가운 걸까.

우리는 상처 주는 환경 속에 계속 머물면서는 결코 자신을 사랑할 수 없다. 따뜻한 곳에 있어야 따뜻한 사람이 되는 것처럼, 나를 아껴주는 환경을 만들어야 비로소 나를 아끼는 법을 배울 수 있다.

내가 나를 사랑하겠다고 선언하고, 상담 선생님께서 가장 먼저 추천한 방법은 나를 미워하게 만드는 사람들과 멀어지는 것이었다. 가족이거나 오래 알아 왔던 가까운 사람이라 하더라도 내 마음에 상처가 되는 이들은 나를 위해 거리를 둘 필요가 있다고 했다. 나를 먼저 생각해야 했다.

쉽지는 않았다. 오래 알고 지냈다는 이유로, 가족이라는 이유로, 나를 힘들게 했던 사람들과의 관계를 끊는다는 건 죄책감과 두려움을 동반했다. 그래서 나는 나에게 집중하는 시간을 늘리기로 했다. 내 나름대로 혼자만의 '안녕'을 외쳤다. 나에게 집중하며 나를 힘들게 했던 사람들에게서 조금씩 거리를 두기 시작하자 삶이 평온해졌다.

나의 자존감을 깎는 말을 하는 이들과 멀어지면서 가끔 올라오는 죄책감은 외면하지 않았다. 그럴 때마다 노트에 죄책감이 든다고 썼다. 정확히 어떤 생각이 드는지 썼다. 써놓고 보니 웃겼다.

"이래도 저래도 그들에게 난 나쁜 사람인데?"

어떻게 해도 만족시키지 못할 것이고, 어떻게 해도 나는 상처받을 것이니 나를 지키는 쪽으로 움직이는 게 낫다는 결론을 내렸다. 타인보다 나를 우선하는 것, 그것이 나를 좋아하게 되는 첫 번째 발걸음이다.

Workbook page

여러분의 자존감을 갉아먹고 상처를 주는 사람이 있나요?
나를 위해서 그 사람과 잠시 '안녕' 할 준비가 되었나요?

자동적 사고 바꾸기

학교에서 제일 시끄러운 시간인 점심시간이다. 학생들이 삼삼오오 모여 떠들고 있다. 교실에 학생들이 모여 깔깔거리고 웃고 있다.

그 장면을 본 주연이는 생각한다.

'무슨 재밌는 얘기를 하나 보네. 나중에 물어봐야지. 아, 그건 그렇고 오늘 영어학원에서 테스트 본다고 했던 거 같은데?'

같은 장면을 본 소희는 다른 생각을 하고 있다.

'왜 웃지? 내 얘기 하는 건가? 아까 내가 말실수 한 거로 웃는 건가…? 휴… 신경 쓰여.'

같은 상황을 봐도 사람마다 다른 생각을 할 수 있다. 아주 짧은 순간에 무의식적으로 떠오르는 생각을 '자동적 사고'라고 부른다. 자동적 사고는 우리가 가진 기억, 경험, 믿음에 따라 다르게 나타난다.

이것은 우리의 감정과 행동을 결정짓는다. 누군가는 '별일 아니야' 하고 넘길 수 있지만, 누군가는 '내가 뭔가 잘못한 걸까?'라는 생각에 불안해지고, 위축된다. 그 감정은 때로 하루 전체를 흔들기도 한다.

매 순간 세상은 나에게 차갑고 위험하다는 식의 자동적 사고를 하는 사람은 사는 게 지친다. 이런 사람은 아주 사소한 상황에서조차 불편함을 느끼고 긴장한다.

나는 소희처럼 반응하던 사람이었다. 집과 학교에서 일상적으로 폭력에 노출되어 있던 나에게 세상은 의심스러웠다. 누군가 웃기만 해도 그게 나를 비웃는 건 아닐지 마음을 졸였고, 무심한 말 한마디가 어색하게 끝나면 '내가 또 이상했나?' 하고 밤새 뒤척이며 자책하곤 했다.

그럴 때마다 내 안에서는 습관처럼 부정적인 말을 하는 나쁜 녀석이 고개를 슬그머니 들었다.

"역시 넌 별로야."
"아무도 널 좋아하지 않아."

이제 와서 돌아보면, 저 생각의 기저에는 내가 사랑받지 못할 거라는 믿음이 깔려있었던 것 같다. 누군가 날 위로해 주기 전에 스스로 지적하고 깎아내렸고, 다치기 전에 얼른 마음을 닫아버렸다. 그게 내 자동적 사고였다.

내가 입시학원 강사였을 때 나는 무조건 100점을 만들어 내야 하는 반을 담당하고 있었다. 일을 열심히 해서 결과가 좋으면 뿌듯함을 느꼈지만 그렇지 못할 때는 강박과 좌절감을 느끼기도 했다. 특히 내가 예상한 대로 시험 문제가 나와도 학생이 실수해서 100점이 나오지 않으면 나는 자책했다.

'내가 좀 더 노력했더라면.'
'이제 학생들이 내 수업을 듣지 않겠지?'
'내가 부족해서 그래.'
'시험 문제에 나온다고 더 강조했어야 했어.'

거기까지 생각이 다 다르면 나는 잠을 못 자고 몸살에 걸렸다. 그 모습을 본 친구들은 '네가 잘했는데도 학부모에게 변명해야 하다니. 너보다 더 어떻게 열심히 하지? 왜 네가 괴로워하는 거야?'라고 안타까워했다.

내 고민을 알게 된 상담선생님은 자동으로 떠오르는 생각들이 과장되지 않았는지, 사실이긴 한 건지, 괴로워한다고 바꿀 수 있는지, 더 나은 해결책은 없는지 따져보는 것을 알려주셨다.

우선, 종이에 자동으로 떠오르는 내 생각을 그대로 적고, 다음 질문에 대한 답도 적었다.

'이 생각은 사실인가? 증거가 있는가? 아니면 그저 느낌인가?'
'내가 이렇게 생각하게 된 근거는? 이 생각을 뒷받침하는 경험이나 정보가 있는가?'
'이 생각은 항상 정답인가? 과거에도 비슷한 상황이 있었는가? 결과는 어땠는가?'
'내 친구가 같은 말을 한다면, 나는 뭐라고 말해줬을까?'
'이 생각을 계속하면 내 기분과 행동은 어떻게 되는가, 도움이 되는가? 아니면 나를 더 힘들게 하는가?'

이 질문들은 내 생각의 사실 여부를 따져보는 질문들이다. 대부분의 부정적인 자동 사고는 사실보다 더 과하게 상황을 가정하거나 해석한다. 실제로 하나하나 적으면서 질문하다 보면 생각보다 상황이 그리 심각하지 않다는 것을 깨닫게 된다. 사실 여부를 따지고 나서는 다음 질문으로 넘어간다.

'이 상황을 다르게 해석할 방법은 뭐가 있을까? 다른 가능성은 없을까?'

'최악의 상황이 실제로 일어난다면 난 감당할 수 있을까? 정말 그게 내 삶을 망칠 만큼 큰일인가?'

'(내가 존경하는, 롤모델, 주변에 있는 사람 중 평소 긍정적으로 생각을 하는 사람) OOO라면 이 상황에서 어떻게 생각했을까?'

'앞으로 비슷한 상황이 또 생긴다면 나는 어떻게 생각하고 행동하고 싶은가?'

이 질문들은 긍정적인 대안을 도출하게 하는 질문들이다. 내 메모장에는 이런 글들이 적혔다.

나의 자동적 사고: 난 학생들을 100점으로 만들지 못했다. 나는 일자리를 잃게 될 거고, 강사로서 제대로 역할을 하지 못하게 될 것이다.

인지재구성(사실 확인): 이 생각은 사실은 아니다. 모든 학생들의 성적이 낮은 것은 아니다. 나는 충분히 예상 문제를 제공했고, 숙제를 다 해오고, 꼼꼼히 수업을 듣고 분석한 학생들은 좋은 성적을 받았다.

하지만 숙제 하지 않고, 답지를 베끼거나 불성실했던 학생은 좋은 성적을 받지 못했다. 이건 내가 최선을 다하지 않은 게 아니라, 학생이 최선을 다하지 않은 것이다. 나의 역할을 그들이 최선을 다해 공부하도록 도와주는 것이다. 나는 나의 역할을 잘했다. 소를 물가에 끌고 갈 수는 있어도, 물을 마시게는 못한다고 하지 않나.

긍정적 대안: 만약 내가 열심히 했음에도 일자리를 잃는다면, 다른 곳에서 수업 하는 것을 고려해 볼 수도 있고, 또는 전부터 내가 하고 싶었던 글 쓰는 일로 천천히 커리어를 전환해 볼 수도 있을 것이다.

이런 식으로 내 마음을 힘들게 하는 자동적 사고들을 적고 다시 생각해 보는 과정을 반복했다. 이 과정을 몇 번 거친다고 해서 자동으로 떠오르는 부정적 생각을 바로 막을 수는 없다. 자동적 사고는 오랫동안 지속된 것이므로 생각을 바꾼다는 것은 매번 의식적인 노력이 필요하다. (물론 시간이 지나면 자연스럽게 자동적 사고도 변하게 된다.)

지금의 나는 적어도 '아, 내가 지금 극단적으로 생각하고 있구나. 호흡을 가다듬고 다시 천천히 생각해 보자.'라며 한 박자 쉬어 갈 수 있게 되었다.

자동으로 마구 떠오르는 생각에 압도당하고 있는 사람이라면 이 방법을 강력하게 권한다. 이렇게 하는 게 습관이 되면, 어느 순간 생각에 휘둘리지 않는 자신을 발견하게 될 것이다.

Workbook page

이번에는 질문에 대한 답을 적어 보며
자동적 사고를 전환해봅시다.
여러분을 괴롭게 하는 자동적 사고는 무엇인가요?

인지재구성(사실확인)

1. 이 생각은 사실인가요? 증거가 있나요?

2. 내가 이렇게 생각하게 된 근거는?
이 생각을 뒷받침하는 경험이나 정보가 있나요?

3. 이 생각은 항상 정답인가요?
과거에도 비슷한 상황이 있었나요? 결과는 어땠나요?

4. 내 친구가 같은 말을 한다면, 나는 뭐라고 말해줬을까요?

5. 이 생각을 계속하면 나에게 도움이 되나요,
아니면 나를 더 힘들게 하나요?

긍정적 대안

1. 이 상황을 다르게 해석할 수 있는 방법은 뭐가 있을까요?
다른 가능성은 없을까요?

2. 최악의 상황이 실제로 일어난다면 감당할 수 있을까요?
정말 그게 삶을 망칠만큼 큰일인가요?

3. (내가 존경하는, 롤모델, 긍정적으로 생각을 잘하는 사람)
OOO이라면 이 상황에서 어떻게 생각했을까요?

4. 앞으로 비슷한 상황이 또 생긴다면
나는 어떻게 생각하고 행동하고 싶은가요?

자기효능감을 올려볼까

 오랜만에 강아지 미주와 함께 산에 올랐다. 아침 공기는 차갑지만 깨끗했고, 나뭇잎 사이로 비집고 들어온 햇살이 예뻤다. 바람은 숨을 고르듯 부드럽게 지나갔고, 올라갈수록 공기가 점점 맑아졌다. 미주는 작은 발로 낙엽을 밟으며 앞서 달렸고, 나는 그 뒤를 따라 숨을 고르며 천천히 걸었다.

 땀이 이마를 타고 흘렀지만, 그 감각은 싫지 않았다. 정상에 다다르자 탁 트인 하늘 아래 시내가 점처럼 펼쳐져 있었고, 그 아래로는 지금까지 걸어온 길이 보였다. 참 멋진 풍경이었다.

순간 가슴 깊은 곳에서 성취감이 피어올랐다. 그렇게 대단한 일은 아니지만, 포기하지 않고 끝까지 올라온 나 자신에게 작게나마 해냈다고 말해주고 싶었다.

이게 바로 자기효능감이다.
나를 작아지게 하는 요인들을 걷어냈다면, 이제는 내가 꽤 능력 있고, 괜찮은 사람이라는 것을 깨달아야 했다.

막무가내로 '나는 좋은 사람이야! 난 소중한 사람이야!'를 외쳐봐도 그동안 별의별 이유로 세뇌 되어버린 나의 불쌍한 뇌는 입을 삐죽이며 말할 게 뻔했다.

"네가?"

나의 뇌는 생각보다 똑똑해서 대충 긍정적인 말 몇 마디에 속아주지 않았다. 심지어 "거짓말 하지 마!"하고 되레 나를 타박하기도 했다. 이 삐뚤어진 뇌도 고개를 끄덕일만한 어떤 확실한 증거가 필요했다.

내가 꽤 멋진 사람이라는 증거.

인지행동치료를 공부할 때, 선생님이 말했다.

"흠, 우리 이번엔 자기효능감을 좀 올려볼까요?"
"자기효능감이요…?"
어디서 들어본 이름 같은데, 과학 용어 같기도 하고?
선생님은 눈을 반짝이며 말했다.
"음, 간단히 말하면요. '나는 이걸 해낼 수 있어!'라고 믿는 마음이에요. 그걸 자기효능감이라고 해요. 제가 보기에 이레씨는 할 줄 아는 것도 많고, 실제로 많은 걸 했는데도 스스로 인정하지 않아서 안타까워요. 자기효능감을 올리면 자신을 보는 시선이 좀 달라질 거예요."

내가 해낼 수 있다는 생각은 나는 괜찮은 사람이라는 생각으로 연결될 수 있다. 자기효능감은 자기 능력에 대한 신뢰이다. 능력을 신뢰하면 자신의 존재를 더 긍정적으로 보게 된다. 실패해도 내가 못난 사람이라는 생각보다 '실수해도 나는 여전히 가치 있어.'라는 생각을 할 수 있게 된다.

자기효능감을 올리는 방법은 직접 경험과 대리경험이 있다. 그리고 사회적 설득, 감정 해소(생리적, 정서적 환기)가 있다. 이 네 가지는 단순한 심리 이론이 아니라, 실제로 나를 다시 세우는 데 도움이 되는 구체적이고 실질적인 도구가 되어준다. 나는 이 네 가지 방법을 하나씩 나에게 맞게 적용해보기로 했다.

그리고 그 과정에서 조금씩 '할 수 있는 나' '괜찮은 나'로 태어나보기로 했다.

첫 번째, 피부로 느껴보는 경험

"어떤 걸로 내 자기효능감을 올릴 수 있을까?"

창밖을 보니 새벽녘 차가운 색이었던 하늘이 은은한 주황빛으로 물들고 있었다. 해는 아직 완전히 떠오르지 않았지만, 가장자리가 서서히 번져오고 있었다. 해를 보면 왠지 다짐하고 싶어진다.

거창한거 말고 적당히 쉬운 걸로 시작해보자!

자기효능감을 올리는 방법 중 첫 번째인 직접 경험. 직접 경험은 '내가 해봤더니 정말 되더라'는 실제로 어떤 일을 시도하고 성공해 본 경험이다. 이는 자기효능감을 키우는 데에 가장 강력한 방법이다. 자기 능력을 직접 체감하고 확인할 수 있기 때문이다.

다들 그런 경험 있지 않은가? 어린 시절 무언가 해내고 나서 뭔가 할 수 있다는 마음이 들었던 적. 사소한 것이라도 괜찮다. 예를 들면, 등산해서 정상에 도착하기, 한 달에 1권 책 읽기, 노래 한 곡에 맞춰 춤추기 등등.
이런 사소한 것에서부터 우리가 할 수 있는 것들이 생기고, 자기효능감이 서서히 올라가게 된다. 끝내는 모든 경험이 모여 나를 사랑하게 된다.

그러나 이상한 완벽주의가 있는 나로서는 뭔가 한 번에 끝까지 해야 한다는 생각 때문에 차마 시작도 못 하는 경우가 많았다. 강의를 들어야 하면 하나하나 꼼꼼히 필기해 가면서 들어야 하지 않을까? 글쓰기를 하려면 하루에 1장씩 쓰는 게 아니라 10장씩 써야 하는 게 아닐까? 운동을 하면 매일 가서 1시간 넘게 운동해야 하는 게 아닐까? 라고 생각했다.

생각하다 보면 계획에 압도되어 미루게 되는 경우가 많았다. 차라리 작은 계획이지만 확실하게 시작하는 게 나았다.

나는 종이에 나의 '해봤더니 되더라' 리스트를 적었다. 사소한 것들을 적었다. 당장 오늘이라도 할 수 있는 것들. 실천하고 나서는 꼭 '해봤더니 되더라'는 기록을 남겼다.

이 기록은 아주 중요하다. 무언가를 실천하고 나서 내가 했더니 되던데? 라는 기록은 '해냈다!'는 기억을 잊지 않게 하는 증거가 되어준다.

해내지 못한 날에도 기록했다. 내가 목표한 대로 하지 못한 날은 노트에 글을 적기도 전에 자책했다.

그런 나를 보고 생각했다.

'난 정말 습관적으로 나를 혼내는구나.'

나는 자기효능감을 높이기 위한 활동을 하면서도 계속 나를 비난했다. 자꾸 자책하는 나를 보고 상담 선생님은 말씀하셨다.

"자책하면 답이 안 나오잖아요. 기분만 나빠지고. 대안을 찾아보는 건 어때요?"

대안을 찾으라고?

내가 뭔가 못 하게 되면 자책하지 말고, 다른 방법을 찾으라는 뜻이었다. 오늘은 비록 운동을 못 갔지만, 집에서 스트

레칭 10분을 하는 걸로 대신해야겠다는 식으로 자책보다는 대안을 찾는 방식으로 움직였다. 무턱대고 나를 혼내는 것보다는 대안이 훨씬 나은 방법 같았다.

자기효능감은 자기 자신을 믿는 반복적인 경험에서 자라기 때문에 이를 위해서는 반복이 필요했다. 작은 성공을 반복하다 보니, 자신을 바라보는 눈이 달라지고 있는 게 조금은 느껴졌다.

비난 대신 격려, 포기 대신 대안.

그 모든 변화의 시작은, 30분 운동하고, 글을 몇 줄 적고, 하나의 강의를 들은 나에게 있었다.
 자기효능감은 거창한 성공에서 오는 것이 아니라, 오늘도 해낸 나를 기억해 주는 순간에서 시작된다.

Workbook page

자기효능감을 위한 첫 번째 단계인 직접경험을 해봅시다.
한 달 안에 직접 경험할 리스트를 만들어봅시다.
3~5개가 적당합니다.
너무 무리하지 말고, 가능한 한 쉽고 구체적으로 적어봅시다..

리스트를 실천해 보고 나서

'해봤더니 되더라'는 기록을 남겨보세요.

어떤 감정을 느꼈나요? 성취감은 어느 정도였나요?

다음에는 어떤 것을 해보고 싶나요?

그것만으로도 자기효능감은 서서히 올라갈 것입니다.

두 번째, 다른 사람들의 삶에서 오는 경험

20대 초반, 호주로 갑자기 날아갔다. 그 곳 치과에서 일하게 되었을 때, 모든 게 낯설었다. 영어는 익숙하지 않았고, 환자들의 말은 빠르고 뭉툭했다. 치과 기구 이름조차 한국에서 익숙하게 쓰던 것과는 달랐고 이상한 걸 가져다 주면 의사선생님께서 무섭게 노려보셨다. 작은 실수 하나에도 누군가의 치료에 방해가 될 수 있다는 생각에 온몸이 긴장으로 굳어 있었다.

그날도 마스크 속 입술이 바짝 말라 있었고, 손에 낀 라텍스 장갑 안으로는 땀이 찼다. 그 모습을 눈치챘는지, 옆에서 함께 일하던 동료가 내 어깨를 툭 쳤다.

그녀는 눈웃음을 지으며 이렇게 말했다.

"I did it, so you can do it, too."

아주 오래전부터 알고 지낸 누군가가 내 등을 살짝 밀어주는 느낌이었다. 형광등 불빛이 하얗게 퍼진 진료실, 특유의 소독약 냄새, 치익-하는 석션 소리 사이에서 그 한마디가 내 머릿속을 덮었다.

'그래, 저 친구도 처음엔 나처럼 무서웠을거야. 하지만 지금은 베테랑이지… 그럼, 나도 해볼 수 있을지도 몰라.'

남이 한 것을 보고 내가 할 수 있다고 느끼는 것. 그것이 대리경험이다. 그녀를 보면서 나는 대리경험을 했고, 치과에서 좋은 성과를 낼 수 있었다.

나는 어릴 때부터 대리 경험을 위해 영화나 만화, 또는 책을 봤다. 주변 사람에게서 바로 대리경험을 할 수 있으면 좋지만, 상황상 그게 여의치 않을 때는 다른 방법도 괜찮다.
10대, 20대 때 가장 많이 읽었던 책은 자기계발서나 에세이였다. 에세이 중에서도 한 사람의 일대기를 많이 읽었다.

지금도 나는 배울 점이 있는 사람들의 책을 읽는다. (물론, 만화도 자주 보는데 '나루토'는 초등학생 때부터 아직도 보고 있다. 나루토에는 끈기, 우정, 노력 등 배울만한 요소가 무척 많다.)

무언가 배울만한 점이 있는 사람들에게는 공통적인 특징이 있었다.
"안 된다고? 그럼 더 해봐야지."
"실패는 내가 아니다. 그저 다음으로 가는 발판일 뿐."
"나는 세상을 더 낫게 만들기 위해 일한다."

그들은 모두 초기에는 무모하다고 평가받았던 아이디어를 믿었다. 그리고 그를 위해 단순히 상상하거나 말로만 한 게 아니라, 전 재산, 시간, 체력을 걸었다. 실패가 와도 자기 부정에 빠지지 않고, 다음 전략으로 곧장 이동했다. 자신이 이 일을 왜 해야 하는지에 대한 목적성이 뚜렷했다.

그들의 경험은 나에겐 큰 확신이었다. 그들 중 누구도 나에게 "이레, 너도 할 수 있어"라고 말해주진 않았지만, 나는 그들을 보며 확신을 느꼈다.

"나도 한번 해보면 되지 않을까?"

누군가의 실패조차 멋지게 보였던 그 순간을 떠올려 보자.

"나도 저렇게 할 수 있지 않을까?"

그 질문 하나가, 우리의 멈춰 있던 가능성에 불씨를 지핀다. 자기효능감은 그렇게 남을 통해 나에게로 전해진다.

대단한 일을 해낸 그들 역시 나와 같은 인간임을 생각해 보자. 그리고 반대로, 우리의 삶도 누군가에게 멋진 대리 경험이 될 수 있다는 것을 기억해 보자.

Workbook page

대리경험은 다른 이들의 다양한 경험으로
나의 자기효능감을 효율적으로 올려줍니다.
여러분은 누구의 삶으로부터 대리경험을 해보고 싶나요?
그들은 어떤 일을 했나요? 현실에 있는 인물이든 가상 인물이든
상관없으니 자유롭게 적어봅시다.

세 번째, 사회적 설득

사회적 학습 이론의 대가인 앨버트 반두라는 다음과 같이 말했다.

"When people are persuaded verbally that they possess the capabilities to master given tasks, they are likely to mobilize greater effort and sustain it longer." 사람이 어떤 일을 해낼 수 있다는 말을 들으면, 실제로 더 오랫동안, 더 열심히 해낸다.

어릴 때 부모님께 칭찬받으면 더 열심히 했던 경험, 다들 있을 것이다. 사회적 설득은 이것과 비슷하다.

사회적 설득은 자기효능감을 높이는 전략 중 하나가 될 수 있다. 사회적 설득이란 타인의 말과 태도가 나에게 미치는 심리적 영향력을 의미한다.

"나는 네가 잘할 수 있을 거라고 믿어."
"지난번에도 해냈잖아."
"너라면 할 수 있어."

주변 사람의 격려, 응원, 긍정적인 피드백은 자기효능감을 높여준다. 이 사회적 설득은 단순한 칭찬이 아니라, 내가 믿지 못했던 나의 가능성에 타인이 신뢰를 부여해 주는 과정이다. 말 한마디가 엄청난 힘이 된다.

인간은 본능적으로 타인의 평가를 자기 인식에 반영한다. 특히 내가 신뢰하거나 권위가 있다고 느끼는 사람의 말은 훨씬 강력하다. 선생님이 학생에게 "네가 이 문제를 끝까지 풀었단 걸 보니, 다음 것도 충분히 할 수 있을 거야."라고 말했다 해보자. 학생은 '선생님께서 나를 그렇게 보시다니, 그러면 다음 것도 잘할 수 있을 거야.'라고 생각하게 된다.

또한 상사가 부하직원에게 "실수는 괜찮아. 이 일을 맡긴 건 자네가 해결할 수 있다고 믿기 때문이야."라고 말하면 부하직원이 그 말에 동기부여를 받고 더 열심히 하는 상황.

이런 것들이 사회적 설득의 예시가 될 수 있다.

사회적 설득은 내가 나를 믿지 못하는 상황일 때 강력한 효과를 보여준다. 내가 폐업하고 커리어의 위기에 놓였을 때였다. 나는 매일 자책하면서 우울함에 빠져있었다. 툭 건드리기만 해도 눈물이 줄줄 나왔다. 뭘 해도 안 될 거 같았다. 그때 남편이 그랬다.

"그거 알아? 랍스터는 이론적으로는 영생할 수 있대. 근데 랍스터가 죽는 이유 중의 하나가 탈피래. 랍스터는 몸이 커져도 껍데기는 안 커지기 때문에 껍데기를 벗고 나와야 계속 살아갈 수 있대. 하지만 그 껍데기가 없는 상태가 랍스터한테는 가장 약할 때야.

가장 약한 순간을 지나야 성장할 수 있는 거지. 지금 너도 껍데기 하나를 벗은 거야. 성장하고 있는 거지. 실패했다고, 멈췄다고 생각하지 말고, '나는 자라고 있구나' 하고 생각해. 그리고 매번 말하지만, 넌 할 수 있는 사람이잖아. 뭐든."

남편의 응원을 들으면서 마음을 많이 달랬고 앞으로 나아갈 힘을 얻었다.

나는 자기효능감을 올리기 위해 내 주변에서 날 응원해주고 지지해 줄 사람을 찾아서 만나서 그들에게 도움을 요청했다.

물론, 주변에 그런 사람들이 없다 해도 괜찮다. 요즘은 위로를 건네고, 응원하는 내용이 담긴 유튜브 영상이나 책들이 많다. 그것들을 선별해서 읽거나 보고 내 마음에 위로를 받아보자. 별거 아닌 것 같아도 누군가의 '할 수 있어'라는 말에 자기효능감이 올라가는 경험을 하게 될 것이다.

Workbook page

나에게 '넌 할 수 있어' 라고 말해주는 사람,
또는 나를 응원해주고 위로해주는 책이나 영상이 있나요?
한 번 찾아봅시다. 이 책을 여기까지 읽은 것으로도
여러분은 뭐든 할 수 있는 사람입니다.

네 번째, 몸과 정서의 환기

　우울증 치료를 받을 때 만났던 담당 의사선생님이 기억난다. 그 분의 방은 깨끗했다. 너무 깨끗해서 내가 들어가면 실례가 될 것 같았다. 한쪽 벽에는 책들이 빼곡히 꽂혀 있었고, 책장 아래 작은 디퓨저에선 은은한 라벤더 향이 감돌았다.
　처음에 나는 말을 많이 하지 않았다. 말을 할 수 없었다. 말하는 내내 나도 모르게 울음이 터졌기 때문이다.

　시간이 지나 우울증이 조금 나아졌을 때, 선생님은 말했다.

　"이제 매일 걷고 햇볕도 더 쬐세요. 의무적으로요!"

내가 못마땅한 표정을 지었다.

정신 치료하러 왔지, 몸 치료하러 온 거 아닌데.

내 생각을 읽었는지 선생님이 말했다.

"우리 몸과 뇌, 그리고 감정은 모두 연결되어 있어요. 몸이 피곤하면 기분도 나빠지죠. 이걸 알면 좋을 거 같아요. 이레 씨는 이것저것 탐구하는 걸 좋아하니까 한 번 찾아보세요."

표정 한 번 잘못 지어 엉겁결에 숙제를 받아버렸다.

내가 조사한 바로는 이랬다. 햇빛은 행복과 관련된 세로토닌과 멜라토닌을 조절하고, 운동은 우울을 줄이고, 뇌의 해마를 활성화하며, 정서를 환기한다. 몸이 조금이라도 살아나면, 그 신호는 뇌와 마음에도 그대로 전달된다.

"그럼 회복은 꼭 생각에서 시작하지 않아도 된다는 거잖아? 몸을 먼저 움직이면, 감정은 그 뒤를 따라온다는 거지?"

일리가 있는 말이었다.

막 육아를 시작한 부부 사이에서 갈등이 심하게 생기는 경우를 종종 볼 수 있다. 육아에서의 의견 차이로 인한 것도 있겠지만, 많은 경우 그들의 갈등은 신체적인 소진에서 출발한다. 육아 초기에 부부 모두 수면이 끊기는 상태가 계속되면, 뇌의 감정 조절 센터인 전전두엽이 제 역할을 못 하게 된다. 결과적으로 작은 자극에도 과민 반응하게 되고, 짜증, 분노와 함께 눈물도 쉽게 날 수 있다.

자기효능감을 올리는 방법 중 마지막은 생리적, 정서적 환기(감정 해소)이다. 자기효능감을 올리는데, 왜 몸이 중요할까?

먼저, 몸이 안전하지 않으면 뇌는 가능성을 믿지 않는다. 자기효능감은 말 그대로 '내가 할 수 있다'라는 믿음인데, 우리 뇌는 위험 상태에선 가능성보다 생존을 우선시한다.

몸이 긴장되고, 피곤하고, 통증이 있고, 배고프면 뇌는 그걸 '지금 위기야'라고 해석해서 어떤 도전도 시도하지 못하게 한다. 이런 상태에서는 '나는 할 수 있어'가 아니라 '지금은 아무것도 하지 말자'라는 생각이 기본 신호가 된다.

몸이 편안해지고, 안정되면 뇌는 그제야 새로운 걸 시도하고 도전할 여유를 가지게 된다. 우리가 하루만 푹 자고 나면 "좀 할 만한데?"라고 느끼는 것도 몸이 회복되면서 가능성을 인지했기 때문이다.

또한 몸과 함께 격한 감정도 한 번씩 환기를 해주어야 한다. 자기효능감은 '과거의 나도 해냈다'라는 기억에서 오는데, 그 기억을 떠올릴 정신적 공간이 생기려면 먼저 감정이 안정화되어 있어야 한다.

실수하고 나서 눈물을 흘리며 울거나, 길게 한숨을 쉬거나, 소리를 크게 지르고 나면 마음이 가라앉으면서 정신이 맑아지는 경험을 해 본 적 있을 것이다. 그것이 정서적 환기이다. 한바탕 요란했던 감정이 가라앉고 나면 "맞아, 나 예전에 이것도 해봤지." "그래, 다음엔 더 괜찮게 해낼 수 있을 거야."라는 생각을 할 수 있게 된다.

나의 감정 해소 방식은 단계별로 있다. 우선 몸을 챙긴다. 기분이 우울하면 밥은 먹었는지, 잠은 잘 잤는지, 햇볕을 쬐고 걸었는지를 점검한다. (필요하면 달콤한 케이크를 먹는 것도 추가한다.) 저 세 가지를 하고 나서 다시 내 감정을 살핀다.

한바탕 감정을 쏟아내야 할 것 같으면 노래방을 가든, 수다를 떨든, 슬픈 영화 또는 아주 웃긴 영화를 본다.

울거나, 웃거나. 그러면 한결 나아진 기분이 든다.

자기효능감은 특별한 자기 계발이 아니라 나를 가장 기본적인 생존으로부터 지켜주는 태도에서 시작된다. 배부르게 먹고, 잘 자고, 햇볕을 쬐고, 한바탕 울고 나면 그때야 비로소 '그래도 한 번 더 해보자'라는 마음이 생긴다.

몸을 챙기는 일, 감정을 정리하는 일은 결국 나 자신에게 한 번 더 기회를 주는 일이 아닐까?

Workbook page

이번 주에 내 몸을 위해서 뭘 해주었나요?
답답하거나 우울할 때 여러분은
어떤 정서적 환기 방법을 쓰나요?

좋은 말 해주기

인지행동치료는 내게 꽤 효과가 있었다. 그 때 나는 무언가에 도전하고 싶었다. 뭔가를 해내고 싶고, 더 이상 머뭇거리지 않고 싶었다. 그런데 마음속에서는 분리된 두 목소리가 싸웠다.

긍정적인 나는 이렇게 말했다.
"할 수 있어. 이번엔 진짜야. 얘도 그만큼 준비했고. 이제 이레는 할 수 있을 거야."
그러면 곧바로 부정적인 내가 받아쳤다.
"또 그러네. 시작만 하고 끝까지 해본 적 있기는 해? 잘 풀리는 사람은 따로 있다니까. 일단 얘는 아니야."

"그런 말 하지 마. 지금까지도 여기까지 온 게 어디야."

"그래, 왔지. 근데 뭐가 바뀌었는데? 똑같잖아. 여전히 무서워하고, 불안해하고. 어휴, 지겨워."

두 목소리는 설전을 이어가고, 나는 가운데서 그 말을 듣고 있으면서도 아무 쪽에도 끼지 못하고 있었다. 그저 복잡한 생각을 부여잡고 있을 뿐이었다. 그리고 결국엔, 늘 그렇듯 부정적인 쪽이 이겼다. 부정적 친구는 말투는 차분하지만 냉소적이고, 표정은 없지만 단호했다.

부정적인 말은 단순히 생각에서 그치지 않는다. 내 삶을 이끌어가는 하나의 시나리오가 된다. 이것을 '부정적 자기충족적 예언(Negative self-fulfilling prophecy)'이라고 부른다.

이런 생각들은 대부분은 어릴 때부터 들어온 누군가의 말, 비교, 평가, 부정적 피드백에서 비롯되거나 특정 사건으로부터 생긴 왜곡된 자기 인식에서 출발한다. 특별하게 심한 말이 아니어도 또는 자주 듣지 않아도, 내가 그것을 어떻게 받아들였는지에 따라 깊은 낙인이 될 수 있다.

"넌 왜 이것도 못 해."

"넌 원래 게으른 애잖아."

"그런 건 네가 할 수 있는 게 아니야."

누군가로부터 들은 말은 우리 마음에 콕콕 박혀 기회가 와도 괜히 시도했다가 또 상처받을까 봐 피하게 만든다. 도전을 앞두고 '어차피 나한테는 무리야'라며 물러나게 한다.

한 번 각인된 '나는 안 될 거야'는, 계속해서 '역시 안 됐지'를 반복하게 만든다. 부정적인 예언 속에 갇히고 만 것이다. 마치 동화 속에 나오는 사악한 마녀가 내린 저주 같다. 이 각인된 저주에서 빠져나올 방법? 당연히 있다!

그 답은, 바로 "좋은 세뇌", Self-Affirmation, 자기암시이다. Self-Affirmation을 한국어로 번역하면 자기 확언, 자기 긍정, 자기 선언 등으로 쓴다. 여러 가지로 번역할 수 있으나 긍정적인 생각, 가치관을 반복함으로써 자기 자신에게 긍정적 감정이나, 행동, 생각을 하도록 만든다는 점에서 의미는 상통한다.

자기암시는 스스로에게 명확한 목표치를 제시하거나 긍정적 생각, 행동 등으로 자기 삶 자체를 변화시키는 데에 도움을 준다. 실제로 많은 운동선수들이나 유명인들이 이를 사용하고 있다.

누구나 아는 영화배우인 짐 캐리를 보자. 짐 캐리는 오랜 시간 깊은 우울의 터널을 지나왔다. 코미디언으로 성공했지만 웃고 있는 얼굴 뒤로는 설명할 수 없는 무기력과 공허가 따라다녔다. 항우울제를 복용하며 견뎌보기도 했지만, 약이 모든 것을 해결해 주지는 않았다. 결국 그는 결심했다.

"내가 나를 바꾸자."

그가 택한 방법은 조금은 이상해 보일 수도 있다. 그는 자신에게 수표를 써주었다. 금액은 천만 달러. 받는 사람은 짐 캐리 본인. 수표를 지갑에 넣은 뒤, 그는 매일 그것을 꺼내 보며 스스로에게 말했다.

"나는 이미 성공한 배우야. 곧 이 수표의 주인이 될 거야."

코미디 클럽 구석진 무대에서 푸대접받으며 돌아오던 날에도, 오디션에서 또 떨어졌다는 전화를 받던 날에도, 그는 중얼거렸다.

"괜찮아, 난 이미 그 사람이니까."

그는 자기암시를 통해 미래의 자신을 철저히 믿었다. 그리고 그 믿음은 행동을 바꾸었다. 결국 5년 뒤, 그는 영화 '덤 앤 더머'로 진짜 천만 달러를 받는 배우가 되었다. 그는 인터뷰에서 이렇게 말했다.

"그저 꿈만 꿨다면 불가능했을 거예요. 나는 내가 어떤 사람인지 매일 되새겼고, 마치 이미 그 사람이 된 것처럼 행동했죠."

그는 자기암시를 통해 긍정적인 자신의 모습을 그렸다. 그런 모습이 지금이 그를 만든 게 아닐까.

처음에 자기암시를 하려고 하면 뭔가 하기 어렵다. 나에게 말을 건넨다는 것은 손발이 심하게 오그라들고, 괜히 부끄럽고, 이상한 기분마저 든다. 나랑 제일 오래 사는 건 내 자신인데 나에게 긍정적인 말을 하는 게 왜 어려운지 모르겠다.

게다가 뭔가 자기암시라고 하면 다소 사이비종교 같은 느낌을 지울 수 없다. 미신 같은 느낌이 들어서 거부감이 생겼다. 그랬던 내가 자기암시를 하게 된 계기가 있다.

어느 날, 폐업 이후 아무것도 할 수 없을 것 같던 시기에 우울감이 깊어져 침대 밖으로 나가지 못하고 있었다. 사는 게 우울의 연속이었다. 생각이 꼬리에 꼬리를 물고, 과거로, 더 과거로 돌아가고 있었다.

'내가 왜 그랬을까, 나는 왜 그 시간을 그렇게 보냈을까, 왜 그런 선택을 했을까'하고 되뇌였다. 과거의 수렁에서 헤매고 헤매고 헤매고 또 헤맸다.

그럼 과거로 돌아갈래?

마음 속의 다른 목소리가 말했다. 나는 생각했다.
'과거로 돌아가고 싶진 않아. 그렇게 열심히 살 자신이 없거든.'

"참 열심히 살았네."

그게 내가 나에게 건넨 첫 번째 말이었다. 난 과거로 돌아가고 싶지 않을 만큼 나름 치열하고 힘들게 살았다. 그래서 돌아가고 싶지 않았다. 며칠이 지나고 나를 구제할 인간은 나뿐이라는 것을 생각했다. 소리를 내어 내게 말한다는 게 당시에는 어려웠고 그럴 힘조차 없었다. 그래서 글로 썼다.

'나는 예전에 더 힘들 때도 버텼다.'
'살기가 싫을 정도로 힘들 때도 살았다.'
'아직 끝난 게 아니다.'
'나는 내가 하고 싶은 것을 해낼 수 있다'

그렇게 매일 자기암시 문장을 썼다. 도저히 나에게 좋은 자기암시를 하기 어려운 날에는 위로를 주는 말을 필사하기도 하기도 했다. 형태가 어떻든 기본적으로 긍정적인 자기암시를 하려고 했다. 한 달이 지나면서 좀 더 구체적으로 쓰고 싶어져서 내가 이때까지 잘 해왔던 일이나 긍정적인 문구를 적어보았다.

'나는 글을 쓰는 것을 좋아하고, 내 글을 좋아하는 사람이 적어도 세상에 한 명은 있을 것이다. 글을 쓰는 순간만은 나는 풍족한 사람이다.'
'나는 운이 좋다. 위기에 꼭 누군가가 나를 도와주었다.'
'아침에 커피 한 잔 마시면서 뒹굴고 있는 강아지를 보는 것은 즐겁다.'

우리 뇌는 현실과 상상을 완전하게 구분하지는 못한다. 상상도 실제 경험과 거의 유사한 반응을 유도할 수 있다. 자기 암시를 할 때 언제 내가 행복한지 생각해 보고, 그것을 가능하면 구체적으로 상상했다.

가령, 나는 글을 쓰고 강의하는 것을 좋아하는데 열정적인 학생들 앞에서 수업하는 상상을 하거나, 내가 좋아하는 공간 같은, 나를 기분 좋게 하는 모든 상상을 하며 자기 암시를 했다. 일종의 운동선수들의 이미지 트레이닝 같은 것이다.

자기암시를 일관되게 반복한 지 몇 달이 지났다.
나는 나를 칭찬하게 되었고, 더 웃게 되었고, 덜 울게 되었다. 이후 나는 자기암시 문장을 아침마다 쓰는 습관을 들였다. 처음엔 단순히 회복하기 위한 도구였지만, 나중엔 내가 나에게 신뢰를 쌓아가는 과정으로 발전하게 되었다. 이 연습은 결국 자기효능감, 자기수용, 자기 존중감의 기초가 되었다.

이런 자기암시는 좋은 세뇌다. 부정적인 말과 사고로 자신을 망가뜨리는 대신, 의도적으로 긍정적인 말과 믿음을 나에게 주입하는 일.

당신은 스스로에게 얼마나 자주 칭찬을 하는가?
당신은 스스로에게 얼마나 다정한가?
당신은 스스로를 얼마나 아끼는가?

이 질문에 시원하게 답하지 못한다면, 나에게 좀 더 좋은 말을 해 줄 필요가 있다.

Workbook page

여러분은 스스로에게 어떤 자기암시를 하고 있나요?
나를 행복하게 하는 것은 무엇인지 생각해봅시다.

완벽한 것은 없다

입시에서 1점 차이는 아주, 아주 크다. 1점 차이로 등급이 달라지기도 하고 어느 대학을 가는지 결정되기 때문이다. 평소 내가 동경하던 선배는 '입시 강사로 살아남으려면 완벽해야 한다.'고 말했다. 강사 시절, 나는 98점 받은 학생의 학부모의 전화를 받고 죄송하다고 말한 적이 있다.

100점, 완벽, 정답.
이것이 내가 추구해야 하는 것이었다.

처음에는 학생들의 점수를 위해 필요하다고 여긴 완벽함이, 어느새 내 일상에도 들어와 있었다. 누가 내 수업을 칭찬

해도 '더 잘할 수 있었는데'라는 생각이 먼저 들었다. 시험 기간엔 학생이 완벽한 점수를 받아야 한다는 생각에 목디스크와 두통으로 진통제를 달고 살면서도 연습 문제를 만들었다.

결국 지치고 말았다. 완벽은 '완벽'이라는 단어 외에는 존재하지 않았기 때문이다. 나는 괴로웠다. '완벽한 사람은 없어'라는 생각을 한 적은 있지만 그러기엔 세상 사람들은 나보다 더 좋은 성과를 내고, 나보다 더 완벽해 보였다.

완벽한 나를 추구하며 자신을 병들게 만들고 있던 어느 날, 상위권 학생 하나가 심하게 울면서 고민 상담을 해왔다. 성적에는 큰 문제가 없는 친구라 '연애 상담이려나?' 생각했다.

아쉽게도 연애 상담은 아니었고, 고민은 100점을 받지 못하는 자기 자신이 너무 미워서 화가 난다는 것이었다. 화가 난 나머지 책을 구기고 연필도 부숴버렸다고 했다. (놀라지 마시라. 이렇게 하는 학생들은 꽤 많다.) 학생은 꼭 하나씩 실수하는 자신이 바보 같고 답답하다고 자책하며 울었다.

"선생님, 저는 왜 이렇게 완벽하지 못할까요? 하나씩 계속 틀려서 화가 나고, 너무 바보 같아요."

"현아야. 완벽한 사람은 없어. 누구나 실수를 해. 실수하고 거기서 배우는 거야. 공부라는 것은 지식을 머릿속에 완벽하게 각인시키는 것만은 아닐 거야. 공부를 하다 보면 실수를 하고, 그 실수를 한 이유에 대해 한번 생각해 보고 보완할 점들을 찾는 것도 공부거든.

사는 것도 그래. 완벽해지려고 노력하는 것은 좋지만 완벽하지 못한 자신을 탓하면 안 돼. 그러면 너는 너에게 계속 만족하지 못하게 될 거야. 사람은 완벽하지 못한 존재거든."

"저도 선생님처럼 저를 이해해 주고 싶어요."

학생의 말에 양심의 가책이 밀려왔다. 학생들에게는 관대한 내가 나에게는 '어른이니까 이 정도는 해야 해.' '누군가를 가르치는 일이니 난 완벽해야 해'라는 기준을 적용하고 있었다. 단 한 번도 나에게 '이 정도면 잘하고 있어'라고 생각해 준 적이 없었다. 퇴근하는 길, 차에서 혼자 나지막이 말해보았다.

"완벽한 사람은 없지."

나는 중요한 진리를 잊고 있었다. 완벽한 사람은 없다. 내가 나에게 비현실적인 것을 바라고 있었다.

결과가 좋지 않으면, "왜 더 못했을까"로 자책했고, 잘해도 "이 정도는 당연하지"라고 넘겼다. 실수는 용납할 수 없는 인생의 오류였다. 내가 잘못했다고 느낄 때도, 내가 부족해 보일 때에도, 자신을 미워하기보다 "그럴 수도 있지"라고 말할 수 있는 용기가 내겐 필요했다.

미성숙한 사람은 자신의 부족함을 받아들이려 하지 않는다. 자신을 부끄럽게 여기고 결함 덩어리라 생각한다.
그러나 인정해야 한다. 그 모습마저 나 자신이므로.

Workbook page

완벽함을 위해서 노력하는 것은 우리를 성장시킵니다. 하지만 완벽하지 못함을 혐오하고 완벽에 집착하면 삶이 괴로워지지요. 우리는 인간이기에 완벽하지 않습니다. 완벽하지 않음을 받아들일 때 우리의 삶은 한층 더 다채로워질 것입니다. 여러분은 완벽하지 못한 자신을 미워한 적이 있나요? 우리는 왜 완벽해야 한다고 생각할까요? 자신의 생각을 써봅시다.

진짜 좋은 사람의 자기보호

어른이 된 지금도 궁금한 것이 하나 있다. 바로 우리 할머니가 말하는 '너희 아빠가 얼마나 불쌍한 사람인지 아니? 아빠한테 잘해줘야 해.'라는 말이다.

내 기준에서 아빠는 어린 동생과 나에게 폭력을 휘둘렀고, 술을 마셨고, 화를 냈고, 우리를 책임지지 않은 사람인데.

왜 그렇게까지 불쌍하다고 하고, 이해해 주라고 할까?

어렸을 때 나는 좋은 사람이 되고 싶었다. 너그럽고, 이해심이 많고, 어른스럽고, 타인을 배려하는 그런 사람이 되고 싶었다. 그런 사람인 척 하면 칭찬도 받을 수 있었다. 나와 동생을 버린 엄마와 아빠를 이해하려고 했다.

'엄마도 사정이 있었겠지.'
'아빠도 자신의 삶이 있잖아. 힘들었겠지.'

진심은 아니었을 거다. 나는 분명 상실감을 느꼈다. 누구도 신경 쓰지 않았을 뿐. 울면서 왜 아무도 날 챙겨주지 않냐고 소리쳐봐야 매나 실컷 맞을 뿐이었다. 그저 좋은 사람의 생각이 이렇겠거니 짐작하고 이해하는 척을 했다.

나는 불편한 것을 말하지 않는 법을 배웠고, 괜찮은 척 하는 법을 배웠다. 상처받는 일에는 익숙해졌고, 상처를 표현하지 않는 법을 배웠다.

어른이 되고도 한참 뒤에, 정말 한참 뒤에야 부모님과 나의 관계 그리고 내가 부모님을 대하는 태도가 친구들과 완전히 다르다는 것을 알게 되었다.

어느 날, 할머니와의 통화. 할머니가 말했다.

"넌 그래도 네가 알아서 앞가림하잖아. 너희 아빠 너무 불쌍한 사람이야. 네가 나중에 모셔야지."

별안간 속에서 화가 울컥 올라왔다.

그럼 나는? 나는 안 불쌍해? 이렇게 커버린 나는? 아빠도, 엄마도 나를 버렸는데 나는 왜 아빠를 모셔야 해? 라는 질문이 한 번에 머릿속에 꽉 들어찼다.

"할머니, 내가 왜 아빠를 모셔? 동생이 왜 아빠를 챙겨? 아빠는 우리 안 챙겼잖아. 우리 생일도 모르잖아."

내 돌발 질문에 할머니와 나 사이에 시간이 멈춘 듯 정적이 흘렀다. 그리고 이건 곧 할머니의 분노가 화산 폭발하듯 쏟아질 것을 의미했다. 차마 책에는 쓸 수 없는 욕들이 쏟아졌고 나는 황급히 대화를 마무리하고 전화를 끊었다.

결론은 그랬다. 이런 질문 자체가 불효이고, 인간 된 도리를 못 하는 행동이라는 것. 이기적이고, 착하지 못한, 할머니 말로는 '지밖에 모르는' 행동.

철학자 니체는 말했다.

"착한 사람은 자기 의지를 버리고 타인의 기준에 복종하는 사람이다."

나는 타인을 이해하고 존중하는 착한 사람이 되고 싶었다. 그래서 그런 척을 해봤지만, 점점 무력해졌다. 내 의지는 없었다. 착하고 좋은 사람이 되고 싶었던 나는 사실은 "아팠지? 힘들지?"라는 위로를 받고 싶었던 그냥 평범한 아이였다.

상처를 숨기고 '괜찮아요'라고 하면 그 모습을 보고 어른들은 '어른스럽다' '참 착하네'라고 말했다. 내 상처를 인정하지 않아야만 내 존재를 인정받을 수 있었다.

니체는 덧붙인다.

"진짜 선함은 자기 본능을 억누르지 않고, 삶의 에너지를 자유롭게 표현하는 데 있다."

나는 나에게 좋은 사람이었어야 했다. 상처 받았다고 말했어야 했다. 상처를 준 것이 가족이어도, 가까운 사람이라 하더라도 '괜찮아'하고 넘기지 말았어야 했다.

나에게 좋은 사람의 자기 보호는 상처를 무시하는 게 아니라 '이건 나에게 고통이었어'라고 분명히 말하는 것이다. 나에게 좋은 사람은 자기 마음을 돌보는 사람이다.

괜찮지 않은 날에는 괜찮지 않다고 말할 수 있는 용기.

이해 할 수 없는 일에는 "이건 아니야"라고 말할 수 있는 사람. 그런 사람이 될 때 나는 비로소 나에게 좋은 사람이 된다.

Workbook page

여러분은 타인에게 좋은 사람인가요,
아니면 나에게 좋은 사람인가요?

자기돌봄은 기본부터

"오늘은 뭐 먹어?"
"라면."
"또 라면 먹어?"
"아, 돈 아까워."

저녁 무렵, 주방 창문 너머로 어스름한 빛이 번져오고 있었다. 끓는 물소리와 함께 라면 스프 냄새가 공기 중에 퍼졌고, 식탁에 마주 앉은 우리 둘 사이엔 짧은 말들이 오갔다.

동생은 자신을 위한 돈을 극도로 아낀다. 심지어 그게 식사처럼 당연히 필요한 것이라 해도 망설인다. 그런데 신기하게도 나에게는 비싼 선물을 아무렇지도 않게 건넨다. 따뜻한 코트를, 예쁜 노트를, 가끔은 아무 말 없이 택배로 보내오는 무언가를.

나는 종종 물어보곤 했다.
"넌 왜 너한테는 안 써?"
돌아오는 대답은 언제나 놀랄 만큼 단순하고, 마음이 복잡해지는 말이었다.
"그냥… 나한테는 좀 아까워."
동생은 자신에게 뭔가를 해주는 데 익숙하지 않은 사람이다.

사실, 나도 그랬다. 바쁘다는 이유로 밥을 거르고, 해야 할 일이 있다는 이유로 잠을 줄였다. 그런 나날 속에서 머릿속을 떠돌던 건 어릴 적 어른들에게 들었던 말들이었다.

"부지런해야지."
"그 정도는 참을 수 있잖아."
"그걸 꼭 해야 해?"

어른이 된 우리는 자기 자신을 위한 선택 앞에서 언제나 망설이는 사람이 되어 있었다.

"잠은 죽어서 자면 되는데 낮잠을 왜 자니."

어릴 때부터 자주 들었던 말이다. 낮에 내가 자고 있으면 어른들은 늘 그런 식으로 내 말을 잘랐다.

"낮에 자면 게을러진다."
"시간 아까운 줄 알아야지."

나는 누워서 보던 세상을 기억한다. 텔레비전 소리, 부엌에서 설거지하는 소리, 대낮의 햇빛이 희미하게 비추던 방 안. 그 시간이 좋았다. 아무 생각 없이 팔을 베고 누워있으면 되니까. 하지만 중학생 이후로 나는 평일은 물론, 주말에도 낮잠을 잔 기억이 거의 없다.

자면 안 된다는 신념이 어른들에게는 성실한 사람, 열심히 사는 사람, 멋진 어른이 되기 위한 첫 조건 같았다. 자는 건 게으른 거였다. 쉬는 건 낭비였고, 피곤한 건 참아야 되는 일이었다. 어른이 되어서도 아침에 늦게 일어나는 날이면 죄책감으로 하루를 보내기도 했다.

나는 잠자는 시간을 줄였다. 대신 늘어난 건 눈 밑의 그림자와 '난 아직 안 돼'라는 채근이었다. 어른이 되어서도 비정상적으로 수면시간을 줄이고 지낸 적이 많았다. 지금도 할머니는 "에휴, 그래. 네가 밤잠 안 자고 얼마나 열심히 했니."라고 하신다. 내가 잠을 자지 않고 무언가 했다는 것을 자랑스러워 하신다. 그만큼 성실하다고 생각해서 그런신 거 같다.

모두가 알다시피 잠을 자지 않으면 우울하고, 짜증이 나고, 예민해진다. 감정 조절이 불가능해진다. 심리학적으로도 전전두엽(감정 조절 센터)은 수면 부족 상태에서 제대로 기능하지 않는다. 몸의 피로가 정신적 피로로 직결된다.

나는 오해하고 있었다. 나를 돌보지 않고 일만 열심히 하면 더 나은 내가 될 것이라고. 하지만 무언가에 열중하고, 무언가 해낸 사람들은 오히려 철저하게 기본을 지킨다.

일정한 시간에 식사하고, 수면 루틴을 유지하며, 운동을 게을리하지 않는다. 그들은 자신을 혹사하지 않고 컨디션을 조절한다. 그것이 더 높은 집중력을 만들고, 장기적인 퍼포먼스를 유지하는 비결이라는 걸 안다.

기본적인 자기돌봄은 거창할 필요가 없다.

밥 잘 먹고, 푹 자고, 가볍게라도 몸을 움직이고, 속도 편안한지 챙겨보는 것. 이런 기본적인 것들이 잘 돌아가야 마음도, 인생도 잘 굴러간다.

쉬운 거부터 챙겨보자.
'대단한 나'가 되기 전에, '편하게 사는 나'부터 만드는 연습.

Workbook page

여러분은 나에게 기본적인 것들 (식사, 잠, 운동)을 충분히 챙겨주고 있나요? 여러분의 식습관, 수면시간, 운동량 등을 적어보고 어떤지 점검해 봅시다. 자기 사랑은 기본에서 시작한다는 걸 잊지 말아요.

과거의 나를 찾아서

오후의 집은 고요했다. 날이 좋다 못해 뜨거워서 에어컨을 틀었는데도 방 안은 묘하게 무거운 공기로 가득 차 있었다. 책상 위에는 며칠 전부터 손도 대지 않은 책들과 메모들이 어지럽게 널려 있었다. 나는 한숨을 내쉬며, 그중 몇 권을 한쪽으로 밀었다. 종이들이 팔랑거리며 바닥에 떨어졌지만 주워 들 마음은 들지 않았다.

정리되지 않은 책상 앞에 앉아, 나는 한참을 멍하니 있었다. 시작하고 싶지도 않은 일이 남았다. 이건 내가 가장 미뤄온 일이었으니까. 과거의 나와 마주하는 일.

오래된 사진처럼 바랜 감정들이 하나둘 떠올랐다. 초등학교 교실의 차가운 바닥, 그날의 억울한 눈물, 누구에게도 말하지 못했던 부끄러움들. 누가 누구인지 기억은 흐릿하지만, 그때 느꼈던 감정만큼은 여전히 생생했다. 먼지가 쌓인 창고에서 오래된 박스를 꺼내는 것처럼, 나는 한 장 한 장 그 시절을 꺼내 들었다.

과거의 나를 만나야 하는 이유는 간단했다. 지금의 자존감, 감정 반응, 관계 방식은 대부분 어린시절의 경험에서 시작하고 있기 때문이다. 과거의 나와 마주하지 않고는 지금의 나를 제대로 이해하거나 돌볼 수 없었다.

자신을 좋아하지 못하는 어른의 내면에는 상처받은 아이가 산다. 그 아이는 비판이 아니라 위로가 필요하다. 하지만 우리는 지금까지 그 아이에게 "왜 너는 그랬어?", "그렇게 해서 뭐가 바뀌었어?"라며 비판만 해왔다. 대화를 통해 우리는 "그럴 수 있었지, 그때는 그게 최선이었을 거야"라고 말해줌으로써 자기 연민과 자기 수용의 기반을 만들 수 있다.

내면의 우리 모습을 보면 지금의 나를 훨씬 잘 돌보는 법을 배울 수 있다. 내면 아이는 우리의 가장 솔직한 욕구와 두려움을 품고 있다. 그 아이가 원하는 걸 알면, 지금의 내가 무엇을 원하는지 명확해진다. 내면 아이와의 대화는 내가 더 나답게 살게끔 도와준다.

감정 조절이 어려운 사람들은 대부분 감정을 다루는 것을 배우지 못한 사람들이다. 특히 어린 시절 겪었던 감정을 그대로 방치한 사람일수록, 지금 느끼는 분노나 불안, 수치심이 갑작스럽게 터져나갈 수 있다.

우리 가족이 그랬다. 가끔 아무 일도 아닌 것처럼 보이는 일 앞에서 누군가는 폭발했다. 동생에게 투덜거리는 나를 보고 터진 아빠나, 일기장의 내용이 마음에 들지 않는다고 터져버린 할머니처럼. 이해하기보다는 견딜 수 없는 감정을 참지 못한 사람이 먼저 터졌다.

아빠가 있을 땐 아빠가 그랬고, 아빠가 없으면 할머니가 그랬다. 다음은 늘 똑같았다. 고성이 오갔고, 물건이 부서졌고, 누군가는 울고, 누군가는 방으로 숨었다. 그리고 결론은 "너희 때문이야."로 마무리 되었다.

내면 아이와 자주 대화하면 감정의 배경을 알게 된다. 내 감정의 배경을 알면 분노, 불안, 수치심이 폭발하기 전에 "아, 지금 내가 이 감정 느끼는 이유는 이거구나"라고 깨닫고 감정을 적절히 조절할 수 있다. (물론, 이것도 많은 연습이 필요하다)

우리는 시간을 과거로 돌릴 수 없기에 물리적으로는 과거로 돌아갈 수 없다. 하지만 우리의 마음 속에는 항상 상처받고 힘들었던 시절의 아이가 그대로 있기 때문에 어렵지 않게 어린 시절의 우리를 만나 볼 수 있다.

내면의 내 모습과 대화를 하는 방법은 여러 가지가 있는데 내가 했던 방법을 소개해 보겠다.

바로 종이에 글을 쓰는 건데 어린 시절의 자신의 모습을 관찰 한 후 글을 쓴다. (예: 학교에서 울던 나, 집 앞에 서 있던 나 등등)

그리고 그 아이가 느끼고 있었을 감정을 써본다. 기억이 난다면 내가 그 때 느꼈던 감정을 써보자. (두려웠다. 도망치고 싶었다 등등)

그 아이에게 지금의 어른이 된 내가 해주고 싶은 말을 써보자. ('친구들이 널 괴롭힌 건 너의 잘못이 아니야. 그 애들이 못된 거야.' '봐, 지금의 너는 생각보다 더 강해.' 등등)

적는 게 취향에 안 맞다면 명상을 하면서 과거를 떠올리는 방법도 있다. 어떤 방법이든 내면 아이의 마음을 이해하고, 그 때의 내가 그랬다는 것을 인정하고, 내가 지금 느끼는 감정에 영향을 미친다는 것을 깨달으면 된다.

우울하고 아픈 과거가 있는 사람은 이 과정이 괴로울 것이다. 그런 경우, 혼자 하는 게 힘들다면 상담심리사의 도움을 받아도 좋다.

나는 생각나는 것들을 마구 갈겨 적으면서 나의 어린 시절을 상상해 보았다. 내 어린 시절은 불안하고 무서웠다. 어떤 일이 터질지 몰랐다. 그리고 그 일은, 대부분 내가 어떻게 할 수 없는 일이었다. 그 아이는 조금이라도 큰 소리가 나면 무서워했고, 어떤 일이 생기면 자신의 잘못이라고 생각하고 살았다. 남들이 보이지 않는 곳에서 자주 울었다. 마음이 아팠다.

조금 더 큰 나를 생각해 봤다. 말 한마디 잘못하면 맞아야 하는 집안 환경. 학교에서는 학교폭력 피해자. 그러나 아무도 신경 쓰지 않았다. 선생님들은 맞는 학생들을 귀찮아했고, 우리 집 어른들 역시 그런가보다, 하고 넘어가셨다. 어린 시절은 아직도 좋지 않은 기억으로 남아 있다. 어른이 된 나는 어린 시절의 나를 생각하며 글을 적었다.

'나는 그 친구들이 너무 무섭다. 모든 순간에 나는 나 혼자였다. 맞아도, 울어도 늘 혼자. 집에 가도 맞고 학교에 가도 맞고. 나는 왜 사는 걸까.'
'어른이 된 지금 내가 그들을 찾아가서 화를 낸들, 그들은 기억도 못 하겠지? 아마 어린 시절 추억쯤으로 생각하고 있을지도 모르겠다.'

처음 어린 시절의 모습을 상상하여 내 모습을 관찰할 때, 가엾은 내 모습을 보는 것이 힘들었다. 어린 시절의 주변 상황과 사람들에 대한 분노가 치밀었다. 나를 힘들게 한 그들은 지금 편하게 살고 있다고 생각하니 마음 깊은 곳에서 뜨거운 무언가가 울컥 올라왔다. 하지만 글쓰기를 여러 번 반복할수록 타인을 향한 분노보다는 나 자신에게 집중하게 되었다.

'지금의 나는 어린 시절의 내가 아니다. 나는 스스로 방어할 수 있고, 지금은 나를 도와줄 사람들도 있다.'

과거의 나 자신을 만날 때의 주요 포인트는 감정을 적당히 조절하는 거다. (쉽진 않다.) 불쌍한 나 자신에게 너무 깊이 빠지거나, 주변 상황과 그때의 사람들에게 분노하여 그들의 탓만 하지 않아야 한다.

그 당시의 나, 그 당시의 상황과 사람들은 내가 바꿀 수 있는 영역이 아니다. 내가 할 수 있는 것은 어린 시절 내면의 아이에게 다가가 감정을 살펴보는 거다. 지금의 나와 얼마나 다른지 확인해 보고, 어린 시절의 나를 위로하고 좋은 말을 더 해주는 것이 지금 내가 할 일이다.

이유 없는 불안은 언제나 예고 없이 찾아온다. 조금 전까지 멀쩡했던 기분이 갑자기 가라앉고, 괜히 누군가에게 미안해지고, 모든 게 내 탓인 것만 같은 감정이 밀려올 때면 나는 자연스럽게 내면의 아이를 떠올린다. 그리고 말을 건다.

"지금 네가 왜 불안한지 알고 있어. 너의 잘못이 아니야. 잘 지나가게 될 거야."

Workbook page

과거의 내 모습을 만나는 것은 현재의 나를 알게 합니다.
과거의 상처받은 내면 아이와 대화해봅시다. 그 당시에
어떤 감정이었는지 어떤 생각을 했는지 구체적으로
생각해보고 어른이 된 지금의 내가
어떤 말을 해줄 수 있을지도 생각해봅시다.

4부. 달라지고 있는 삶

새로 시작한 것들

나 자신을 늘 미워했던 마음을 바꾸는 데에는 시간이 오래 걸렸다. 지금도 연습 중이다. 책을 쓰는 기간은 꽤 길었다. 글을 쓰면서 나는 쉽게 사라지지 않는 우울과 과거에 대한 분노 때문에 괴로운 시간을 보내기도 했고, 주변 사람들과의 관계에서의 상실과 실망 등, 적지 않은 감정의 기복을 겪었다.

그러면서도 끊임없이 나 자신을 사랑하는 방법을 찾으려고 했다. 책을 읽어보고, 유튜브 영상을 찾아보고, 명상하는 것 등등 여러 활동을 해보았다. 몇몇은 좋았고, 몇몇은 별로 나에게 맞지 않는 것도 있었다. 그중에서 지금까지도 이어지고 있는, 나에게 의미 있는 새로운 시작들도 있었다.

가장 먼저, 꾸준히 시도한 것은 호흡 명상이다. 나는 불안이 높고, 스트레스 지수도 높았기 때문에 마음을 가라앉혀 줄 필요가 있었다. 여러 방법 중 호흡을 이용한 명상이 좋다고 해서 시작해 보았다.

그냥 눈을 감고 집중하는 명상은 어려웠는데 호흡명상은 나에게 잘 맞았다. 호흡이라는 어떤 행위를 하면서 그 자체에 집중하니 오래 유지할 수 있었다. 특히 4초 호흡 박스 명상은 내게 꼭 맞았다.

4초 호흡 박스 명상은 숨을 4초 들이마시고, 4초 멈추고, 4초 내쉬고, 또 4초 멈추는 방식이다. 마음속에 사각형을 그리면서 하니 더 집중이 잘 되었다. 게다가 호흡을 멈추고 길게 내쉬는 과정에서 불안으로 두근두근했던 마음이 진정되는 것을 느낄 수 있었다. 특히 감정이 솟구치는 순간, 호흡은 나를 가라앉혀 주었다. 차 안에서도, 책상에서도, 어디서든 쉽게 할 수 있어 자주 이용한다.

두 번째는 운동을 삶에 들이는 것이었다. 수많은 철학과 종교에서 말하듯 몸과 마음은 연결되어 있다. 내가 몸을 움직여야 하는 건 인간으로 태어난 이상 무조건 해야 하는 것이다.

나는 어릴 때부터 운동을 좋아했다. 배드민턴, 피구, 스쿼시, 사이클, 마라톤, 헬스 등등. 그러나 운동마저도 더 열심히 해야 한다는 강박이나 남들을 이겨야 한다는 생각 때문에 즐길 수 없었다.

하지만 이번에는 '그냥 가볍게 움직여보자'라고 생각하고 운동을 해보기로 했다. 어떤 날은 1~2시간을 걸을 때도 있고, 또 어떤 날은 산에 가기도 하고, 근력 운동을 하며 몸을 단단하게 다지는 날도 있다. 자유롭고 유연하게, 그러나 멈추지 않고 지금도 계속 움직이려고 한다. 그것만으로도 나는 예전보다 훨씬 건강하게 살고 있다는 걸 느낀다.

마지막으로, 나는 용기를 내기로 했다. 내가 좋아하고, 사랑하고, 매일 하고 싶지만, 용기가 없어서 못 했던 것. 바로 책 쓰기이다.

나는 예전에 공모전에 당선된 적이 있다. 몇천 명 중에 당선되었다고 하니 얼떨떨했다. 왜냐하면 그때 너무 우울증이 심해서 '이 책 쓰고 죽어야지'라고 생각했기 때문이다. 그런데 공모전에 당선되고 책을 만들게 되면서 나의 죽음은 미뤄졌다. 그래서 책 제목도 '죽으려고 했어'이다.

지금에 와서 보면 '왜 이렇게 자극적인 제목을 쓴 거야?'라는 생각이 절로 들지만, 뭐, 그땐 그랬다.

책 초판은 다 팔렸고 2쇄까지 찍는다고 연락받았다. 어정쩡하게 쓴 책치고는 나쁘지 않다고 생각했다. 문제는 그 뒤로 책을 쓰려고 하면 '잘 팔리는 책 써야지'라는 강박이 생겼다. 잘 팔리는 책들을 보면 종류는 다양하지만 대부분 전문 지식이 있는 책들이 많다. 나는 영어강사였지만, 영어 책을 쓰지 않았다.

'나보다 더 영어를 잘하는 강사들이 이 책을 보고 비난할 거야. 난 그냥 흔한 동네 학원 강사니까'

어쩌면 그조차도 오만한 생각이었던 것 같다. 바쁜 강사들이 내 책을 보고 비난할 시간 따위는 없을 거다. 첫 책의 경험 이후 난 더 이상 나를 위한 책을 쓸 수 없었고, 두려움 때문에 대중을 위한 책 역시 쓸 수 없었다.

이 책은 나를 위해 쓴 책이다. 오랜 시간이 지나서야 다시 용기를 내어 책을 쓸 수 있게 되었고 책을 쓰는 동안 즐거웠다. 진작에 쓸걸, 괜히 미루고 있었다는 아쉬움도 생겼다.

앞으로도 계속 책을 쓸 예정이다. 다양한 책을 쓰겠지만 주로 심리나 감정에 관한 에세이가 아닐까 한다. 전문가만 글 쓰라는 법은 없고, 고통스러운 감정에 관해서라면 나도 꽤 빠삭한 경험자이니 말이다. 누군가에게 도움을 주고, 동시에 나 자신을 이해하는 작업으로 내게는 글쓰기만 한 게 없다.

글을 쓰면서 나라는 사람을 더 알아가고 싶다.
나랑 평생 함께 살 사람이니까.

Workbook page

여러분의 삶에서 의미있는 변화를
주고 싶은 것들은 무엇인가요?

감사 일기

감사 일기에 대해서는 예전부터 들어서 알고 있었다. 그러나 굳이 해야 할 이유를 몰랐었다. 감사할 일이 뭐가 있겠는가 싶었다. 세상의 불행한 일은 나에게만 생기는데.

그런데 왜 수많은 책에서는 감사 일기를 쓰라는 걸까? 의문이었다. 몇 번 써봤지만 금방 그만뒀던 나로서는 굳이 감사할 것을 찾아서 쓰는 이유가 궁금했다.

그런데 감사 일기를 꾸준히 써온 사람 중에 의외의 인물이 있었다. 바로 배우 송혜교다. 그녀를 모르는 사람이 없을 정도로 유명하다. 그녀는 한때 크고 작은 소문, 악플 등으로 고통스러운 시기를 보내고 있었다. 그때 노희경 작가가 이런 조언을 했다고 한다.

"혜교야 너 자신을 먼저 사랑해야 주변에 사랑도 줄 수 있어. 그리고 더 좋은 세상을 볼 수 있어."

그때 그녀는 '나를 사랑하라고? 어떻게 해야 나를 사랑하지?'라는 생각을 했다고 한다. 아름답고 멋진 대배우도 자기 자신을 사랑하는 문제로 고민하다니 놀라웠다. 당시 그녀는 노희경 작가의 권유로 글쓰기를 시작했다고 했다. 아침에는 오늘 하루를 어떻게 보낼지를 적고, 저녁에는 감사 일기 10가지를 썼다고 한다. 그녀는 말했다.

"돌이켜보면 작품이든 무엇이든 제가 너무 원하면 항상 제 것이 안 되더라고요. 그래서 실망도 컸어요. 그런데 언제부터인가 '욕심부리지 말자. 내 것이면 나한테 올 거고, 아니면 다른 사람한테 갈 것'이라는 생각을 했어요."

그녀는 감사의 힘으로 악플과 소문을 이기고 자신을 좀 더 바라보게 된 것 같았다.

또 한 명의 사람, 감사 일기 붐의 장본인, 오프라 윈프리가 있다. 그녀는 치유와 자기 수용의 아이콘이다. 그녀가 TV쇼에서 "감사 일기를 매일 쓴다"라고 말한 뒤 감사 일기는 유행처럼 퍼져나갔다.

아동기 학대와 가난이라는, 차마 말로 다 담을 수 없는 상처를 안고 자란 그녀는 어느 날부터 감사 일기를 쓰기 시작했다고 한다. 하루 중 좋은 일이 무엇이었는지를 꼼꼼히 적는 그 작은 습관은, 그녀의 시선을 고통에서 선물로 옮겨놓았다. 그녀는 말했다.

"삶에 감사할 줄 알게 되면, 인생은 더 많은 것을 주기 시작합니다."

그렇게 오프라는 자신이 겪은 것을 세상에 상처로 돌려 주는 사람이 아니라, 상처 위에 다정한 집을 짓는 사람이 되었다.

나도 다시 한번 감사 일기를 써보기로 했다. 감사 일기를 쓰면서 알게 되었다. 내가 가지고 있는 것들, 내가 누리고 있는 것들, 내가 할 수 있는 것들, 내가 당연하게 사는 이 일상이 모두 감사할 것들이었다.

나는 비 오는 날 물이 새지 않는 집에서 바깥에 비가 내리는 것을 볼 수 있다. 폰으로 원하면 언제든지 검색을 해 궁금한 것을 알아낼 수 있다. 원하면 도서관에서 책을 볼 수도 있다. 내 주변에는 다정한 사람들이 있다. 집에는 귀여운 강아지도 가족구성원으로 있다. 커피를 집에서 내려서 마실 수도 있다. 원하면 차를 타고 어디론가 드라이브를 갈 수도 있다. 건강한 두 다리로 원하는 만큼 걸을 수 있다. 원하는 만큼 뛸 수도 있다.

감사 일기를 꾸준히 쓰면서 크게 달라진 점은, 내가 내 삶을 더 따뜻하게 바라보게 되었다는 것이다. 감사란, 우리가 여전히 살아있다는 것을 확인하는 일이다.

나는 매일 밤, 하루 중 반짝였던 순간들을 떠올리며 감사한 마음을 적는다. 아무도 알아주지 않는 오늘 하루였더라도 상관없다.

내가 나에게 "그래도 괜찮았어"라고 말해줄 수 있다면, 그 하루는 틀림없이 의미가 있었던 거다.

Workbook page

여러분은 삶에서 감사할 것은 무엇이 있을까요?
사소한 것도 괜찮으니 하나하나 적어 보며
삶이 내게 준 것에 대해 감사하는 시간을 가져봅시다.

자기조절능력 만들기

"선생님, 또 감정적으로 행동했어요."

나는 고개를 푹 숙인 채 말했다.

"순간 욱하는 마음에 그만… 말을 너무 세게 해버렸고, 나중에 후회하면서 계속 자책했어요. 왜 항상 똑같을까요."

상담 선생님은 잠시 나를 바라보다가 말했다.

"그럴 수 있어요. 감정이 먼저 치고 올라오면, 생각은 그다음에야 따라오거든요. 누구나 그럴 수 있어요."

나는 거의 울기 직전이었다.

"근데 저는 그걸 너무 자주 반복해요. 그래서 결국엔… 저 자신을 더 미워하게 돼요."

선생님은 자세를 고쳐 앉으며 말했다.

"그럴 땐 자기조절 능력이 필요해요. 감정이 올라오는 걸 막을 수는 없지만, 감정에 바로 반응하지 않고 '잠깐 멈추는 힘', 그게 자기조절이에요. 예를 들어, 마음속에 알람이 울리기 전에 숨을 한 번 쉬고, '내가 지금 왜 이 감정을 느끼는지'부터 알아차리는 거죠. 그러면 감정에 끌려가기보다 감정을 다루는 사람이 될 수 있어요."

그게 말처럼 쉬웠으면 내가 그렇게 고전하진 않았을 거다. 긴 시간이 흘러서야 그때의 선생님의 말을 알았다. 내 감정을 억누르라는 말이 아니라, 그 감정이 내 삶을 망치지 않게 감정을 존중하면서도 조절하는 연습을 하라는 것을.

자기조절(Self-regulation)은 단순히 참는 것도 아니고 무조건 긍정적으로 생각하는 것도 아니다. 감정에 끌려가지 않고 내가 원하는 방향으로 내 행동과 생각을 만드는 능력이다.

자기조절능력을 키우는 첫 번째 단계는 감정을 알아차리는 것이다. 참을 수 없이 화가 나거나, 갑자기 심하게 우울감에 빠지거나, 급격하게 불안해지면 멈춤이 필요하다. 그건 몸에서 신호를 주는 거다.

그때는 4초 박스 호흡으로 내 마음에 일시 정지 버튼을 누른다. 어떤 상황에 즉각 반응하지 않고 4초 호흡을 여러 번 반복한다. 적어도 10초에서 30초는 호흡을 하며 어떠한 반응도 하지 않는다. 그리고 지금 내가 무슨 감정을 느끼고 있는지 정확히 알아채 보려고 한다.

예를 들어, 누군가가 나를 무시하는 말을 하면 화가 나서 바로 쏘아붙이거나 우울한 기분에 빠지는 선택을 할 수 있다. 하지만 내 감정을 살피는 걸 선택할 수도 있다.

'지금 나는 무시당했다고 느껴서 화가 나는구나. 반대로 말하면 나는 인정을 받고 싶다는 거구나. 근데 굳이 저 사람이 나를 인정하지 않는다고 해서 내가 못난 인간은 아니잖아. 저 사람이랑 싸울 필요가 있을까? 생각해 보면 저 사람은 자기가 무시당하는 게 무서워서 먼저 나를 무시한 것일 수도 있다. 음! 평소 저 사람의 행동으로 봐선 타당하다.'

거기까지 생각이 미치면 분노가 가라앉고 심지어 상대에 대한 측은지심까지 생긴다. 감정을 알아차리고, 해석하고, 호흡으로 가라앉히는 데까지 성공하면 내가 어떻게 행동할 것인지 정하기만 하면 된다.

예전 같았으면 바로 싸우고 돌아서서 후회했을 상황에서, 이제는 차분히 대화를 마치고 조용히 자리를 뜰 수 있게 되었다. 불편한 감정을 억누르지 않으면서도, 나를 존중하는 방식으로 말하고, 일단 적당히 수긍한 뒤 나중에 따로 대화를 청하는 여유도 생겼다. 그런 선택은 나중에 내가 후회할 일을 줄여준다.

이런 변화가 가능해진 건, 나를 사랑하는 법을 배우고 있어서였다. 나를 더 지키고 싶은 마음에서 비롯된 새로운 선택들이었다. 그리고 그 선택들은 나를 다시 더 사랑하게 했다.

Workbook page

감정이 조절되지 않을 때가 있나요?
그럴 때 스스로 조절하는 방법이 있는지 써봅시다.
없다면 어떤 방법을 쓰면 좋을지 생각해봅시다.

가난한 마음에서 넉넉한 마음으로

내면 소통 전문가라고 유퀴즈에 소개된 김주환 교수님 이야기를 본 적이 있다. 교수님은 인정 중독에서 벗어나는 법을 소개했다. 인정 중독은 나를 타인의 평가대상으로 놓는 상태를 말하는데 인정 중독에 빠지면 내가 원하는 삶이 아니라, 칭찬받는 삶만 추구하게 된다고 한다. 그에 따른 감정 기복으로 자신을 잃어버리게 되는 것은 당연한 순서다.

나는 인정 중독이었기 때문에 교수님의 말을 열심히 경청했다. 교수님께서 말하신 인정 중독 극복법으로는 내가 타인을 사랑하고 존중하는 것이라고 했다. 타인을 긍정적으로 생각하라는 것이다. 의아했다.

'내가 인정받고 싶은데 타인을 긍정하라고?'

교수님에 의하면 나와 타인에 대한 뇌의 정보 처리 영역은 거의 일치한다고 한다. 타인을 존중하는 마음이 생기면 나에 대한 존중도 생긴다는 것이다. 반대로 남에게 부정적인 사람은 자신도 비하하게 되고 결국 전두엽의 기능이 떨어진다. 흔히 말하는 멘탈이 약한 사람이 된다.

결국 타인에게 친절해지면 뇌에서는 나에게도 친절하다고 여긴다. 그러면 전두엽의 기능이 좋아지고 결국 행복한 삶을 살 수 있다는 것이 요지였다.

교수님은 '행복하십니까?'라는 질문에 "점점 행복해지고 있습니다."라고 말씀하셨다. 정말 교수님이 말씀하시는 것처럼 하면 나도 행복해질까? 라는 생각이 들었다.

영상을 보고 내가 꽤 타인에게 무관심하거나 불친절하거나 때로는 무례한 적도 있었다는 사실을 깨달았다. 스스로에게 놀라지 않을 수 없었다. 적어도 나는 친절한 편이라고 생각했는데 아니었다. 나는 마음이 옹졸하고 가난한 상태였다.

이제 나는 의식적으로 타인에게 친절하게 대하려고 하고 있다. 윗집 아이가 심하게 뛰고 소리를 질러도 어느 정도는 참으면서 '크는 과정은 다 저렇지. 나도 어릴 때 저랬는걸, 애가 아픈 것보다는 낫지'라고 생각하려고 한다.

아침에 오가며 만나는 사람들에게 한 번 더 밝게 인사하려고 한다. 그러면 누군가는 무시하지만, 누군가는 반갑게 받아준다.

갑자기 확 끼어든 차에도 빵빵거리지 않고 잠시 기다려준다. 그러면 내가 상당한 대인배가 된 듯한 기분이 든다.

(유독 운전할 때는 단순히 타인을 내 앞에 끼워주었다는 것만으로도 이런 기분을 느낄 수 있다)

어떤 차는 쌩 하고 가버린다. 그럴 땐 "화장실이 진짜 급한가 보네"라고 생각한다. 어떤 차는 비상깜빡이를 켜 고마움의 신호를 보낸다. 나는 단지 속도를 살짝 늦췄을 뿐인데 기분은 훨씬 좋아진다.

나는 타인에게 친절하게 대하는 것의 이점을 알아가는 중이다. 세상의 채도가 잿빛에서 밝고 생생하게 한층 올라가는 느낌이 든다. 내 마음은 가난한 마음에서 점점 넉넉한 마음으로 바뀌고 있다.

나를 이해하면서 달라진 점

나를 미워하다가 화해하고, 친해지고, 사랑하며 살아가기까지 여러 일이 있었다. 여전히 노력해야 하는 것들도 있지만 전보다 좀 더 나아졌다는 건 꽤 자랑스럽다.

나는 감정에 덜 휘둘리게 되었다. 불안하거나 우울하면 예전에는 어쩔 줄 몰랐었는데 이제는 일단 심호흡을 한다. 4초 박스 호흡을 하면서 뇌에 충분한 산소를 공급한다.
차분히 내가 왜 이런 감정이 드는지 쭉 적어본다. 내가 어떤 생각을 하는지, 왜 이런 기분이 드는지 솔직하게 적는다.
그러다 보면 날뛰는 감정의 기저에 깔려있던 생각을 찾아낼 수 있다. 그것들은 대부분 왜곡된 것들이라 실체를 알고 나면 한층 문제 해결을 하기 쉽다.

　도망치고 싶거나 피하고 싶을 때도 생각을 적어보았다. 쭉 읽고 나면 별거 아닌 것들도 있었다. 위험은 항상 있기 때문에 완벽하게 피할 수 없다.
　하지만 공포에는 내가 만든 상상이 묻어 있기 때문에 똑바로 바라보면, 꽤 쉽게 해결할 수도 있다.

　비교하지 않으려고 노력했고, 지금도 노력하고 있다. 한창 심리 상담을 받을 때였다. 나는 비교의 늪에 빠져 다른 사람들의 시선을 지나치게 의식하고 있었다. 뭘 하든 긴장된 상태였다. 그때 내게 한 상담 선생님이 하신 말씀이 있다.

　"99가지가 별로인 사람이 있어요. 하지만 비교하는 사람은 그 사람의 나은 점 단 한 가지를 내 못난 점과 비교하면서 나를 괴롭혀요. 사실 나는 99가지가 좋은 사람일 수도 있는데도 말이죠."
　내가 그랬다. 나보다 나은 사람을 보면서 나는 아직 부족하다며 나를 채찍질했다. 쉽게 우울해졌다. 비교하는 사람은 삶이 고통이다. 자주 좌절감을 느낀다. 나는 선생님에게 물었다.

"어떻게 하면 비교하지 않고 살 수 있나요?"

"저 사람은 저 사람이고, 나는 나야, 라는 마음가짐을 가져야 하죠. 그러려면 내 삶의 기준이 뚜렷해야 해요. 나만의 행복을 기준으로 가지고 있어야 타인과의 비교를 멈출 수 있어요."

나는 비교가 일상인 환경에서 살아왔다. 잘 살아야 한다, 여자는 이래야 한다는 기준 속에서 살았다. 사람과 사람의 급을 나누는 것을 익숙하게 보며 자랐고, 심지어 일도 성적 점수와 등급으로 평가되는 환경에서 일했다. 비교하지 않는 삶을 사는 것은 생각보다 노력이 필요했다.

나는 나만의 '성공은 무엇인가?' '행복은 무엇인가?' '삶의 기준은 무엇인가?'를 생각해 보았다. 그리고 적어보았다. 이것을 아는 것만으로도 타인과의 비교를 훨씬 줄일 수 있었다.

마지막으로, 좀 더 웃게 되었다. 슬펐던 과거, 불안한 미래보다는 현재에 존재하려고 노력하고 있다.

Workbook page

나도 모르게 나와 타인을 비교한 적이 있나요?
비교하지 않으려면 어떻게 할지
나만의 마음가짐을 써봅시다.

에필로그

안녕하세요, 여기까지 책을 읽어 주신 여러분, 감사합니다. 처음에는 책을 만들 생각이 아닌 나를 혐오하는 것만은 멈춰보자는 생각으로 노트에 글을 적었어요. 그러다가 책으로 발전하게 되었지요.

책에서 잠깐 보셨겠지만 저는 행복하지 않은 어린 시절을 보냈어요. 부모님의 이혼, 가난, 동생과의 이별, 가정폭력과 학교폭력, 우울증을 골고루 겪었죠. 중학생 때부터 저는 늘 삶과 죽음에 대해 생각했습니다. 삶에 대한 우울과 희망 사이에서 고민했죠. 타인을 내 기준으로 삼고 살았어요.

제 주변 사람들은 제가 이런 속앓이를 하고 있는지 전혀 몰랐다고 했어요. 늘 밝고 주변인들과 잘 지내는 모습이었다고 해요. 사실 저도 티 내려고 하지 않았고요. 누군가 나의 내적 혼란을 알면 저의 약점을 알게 되는 것 같아서 두려웠거든요. 그래서 강인한 척, 아무렇지 않은 척하고 살았어요.

내 연약한 모습을 인정하는 것, 그게 나를 사랑하는 첫걸음이 아닐까, 생각합니다. 자신을 사랑하지 않아도 사회적으로는 성공할 수 있어요. 나를 사랑하는 것과 돈을 많이 버는 것은 다른 문제이니까요. 자기 자신을 몰아세우고, 끝까지 밀어붙이면 겉모습은 얼추 성공한 사회인이 될 수 있겠지요.

하지만 우리의 내면은 생각보다 약합니다. 마치 복숭아 같달까요. 계단에서 굴리면 여기저기 부딪혀서 복숭아는 물러 버리잖아요. 혹시 당신도 복숭아처럼, 여기저기 부딪혀 멍들고 무르진 않았나요?

그렇다면 지금이라도 토닥토닥-
나 자신을 위로해 줄 필요가 있어요.

그 누구도 나와 평생을 살진 않습니다. 부모도, 배우자도, 자식도 말이죠. 오직 나 자신만이, 태어나는 순간부터 마지막까지 함께하죠. 그러니 우리는 우리 자신을 사랑해야 합니다. 남에게 사랑을 줄 수 없어도 자신에게는 무조건의 사랑을 줘야 합니다.

이 글을 읽고 있는 당신, 당신은 그런 사랑을 받을 자격이 충분한 사람이에요.

혹시 지금,
입을 굳게 닫고 미간을 한껏 찡그리고 있나요?
주먹에 꽉 쥐고 있나요?
어깨에 잔뜩 힘이 들어갔나요?

힘을 푸세요.
이제는 우리, 적당히 살아가기로 해요.
완벽해지려 하지 말고 있는 모습 그대로 걸어요

살아가는 모든 순간에 중요한 건 단 하나.
나 자신을 절대 혼자 두지 않는 것.

나라는 사람과 잘 지낼 당신에게 따뜻한 응원과 애정을 담아 이 편지를 보냅니다.

당신은 잘하고 있어요. 정말로요.

서쪽으로 길게 해가 넘어가는
포근한 어느 오후의 방에서-

이레 드림.

이 책이 나올 수 있도록
도와주신 모든 분들 감사합니다.

나를 사랑하는 건 익숙하지 않지만

ⓒ이레2025

초판 안쇄	2025년 7월 24일
초판 발행	2025년 7월 24일

지은이	이레
SNS	인스타그램 @ireh_waitforit
블로그	네이버블로그 /real_know

펴낸 곳	웨잇포잇
이메일	pinggusol@naver.com
출판등록	2025년 5월 23일 제 370-2025-000016호
ISBN	979-11-993195-2-3 (03180)

책값은 뒤표지에 있습니다. 이 책은 저작권법에 따라 보호받는 저작물이므로 무단 전재와 무단 복제를 금합니다. 잘못 만든 책은 구입하신 서점에서 바꾸어 드립니다.

나를 사랑하는 건
익숙하지 않지만